Rothenburg
ob der Tauber

STADTFÜHRER
mit 144 Farbbildern

*Reichsstadtmuseum: Ölgemälde von Arthur Wasse (1854 – 1930)
"Der Strafturm im Sommer".*

Text: Wolfgang Kootz

Fotos: Willi Sauer

D1146965

Kraichgau-Verlag GmbH

Allerlei Wissenswertes

Verehrter Gast,

das vorliegende Büchlein soll Sie zu einem Gang durch die weitgehend ursprünglich erhaltene mittelalterliche Stadt anregen. Die vorgegebenen Rundgänge sind so angelegt, wie sie das hiesige Kultur– und Fremdenverkehrsamt vorgeschlagen und in seinen Prospekten ausgedruckt hat. Zunächst führen wir Sie zu den wichtigsten Sehenswürdigkeiten der reichsstädtischen Vergangenheit Rothenburgs und liefern Ihnen eine Fülle interessanter Informationen. Dieser Rundgang dauert ohne Innenbesichtigung etwa zwei Stunden. Als Ergänzung empfehlen sich die Wege entlang der ältesten Stadtbefestigung – mit Klostergarten und Burggasse, etwa eine Stunde –, sowie entlang der bis heute erhaltenen Stadtmauer, der ca. zwei Stunden dauert. Daneben bietet die Stadt von April bis Dezember ihren Gästen Führungen in Deutsch und Englisch an. Besonders romantisch ist der abendliche Stadtrundgang mit dem Nachtwächter, wenn alle wichtigen Gebäude in mildem Licht angestrahlt sind. Wer jedoch Rothenburg erkunden will, der begibt sich außerhalb der Hauptwege in stille Gassen und Winkel, wo er manch alte Wohnhäuser, Hinterhöfe und Brunnen entdeckt. Die vielen Museen und Kirchen laden nicht nur bei schlechtem Wetter zu einer Besichtigung des reichen kulturellen Erbes der alten Reichsstadt ein. Ungünstige Wetterlagen lassen sich in Rothenburg noch vielfach anders überbrücken: Der Wehrgang ist zwischen der Klingenbastei und dem Kobolzeller Tor auf 2,5 km unter Dach begehbar, das Hallenbad "Frankenfreizeit" lockt mit Schwimmbecken, Sauna und Kegelbahn, und nicht zuletzt bieten gemütliche Cafés und Wirtshäuser fränkische Gastlichkeit und ihre Spezialitäten, vom "Schneeballen" bis zur urigen Vesper mit dem berühmten Frankenwein aus der "Bocksbeutel"–Flasche.

Ist der Himmel wieder klar, wird Rothenburg zum Ausgangspunkt von Spaziergängen auf den Wegen der Grünanlagen und von Wanderungen, deren schönste – durch das Taubertal – wir in unserem Büchlein genauer beschrieben haben. Größere Wanderungen führen in den Naturpark Frankenhöhe, Ausflüge entlang den Touristik-Routen "Romantische Straße" und "Burgenstraße", die sich in Rothenburg kreuzen. Vorschläge dazu sowie Prospekte und Wanderkarten erhalten Sie im Fremdenverkehrsamt ebenso wie das aktuelle Jahresprogramm mit den Veranstaltungen der Stadt und der Vereine. Weitere Möglichkeiten für einen aktiven Urlaub bieten das beheizte Waldschwimmbad, der Schützen- und der Reitverein, der Tennis- und der Aeroclub sowie für passionierte Angler die Tauber.

Blick über den Marktplatz: Der Doppelbau des Rathauses und das Jagstheimerhaus säumen den Beginn der Herrngasse.

Wer Rothenburg kennenlernen oder gar Kontakte zur Bevölkerung knüpfen möchte, sollte unbedingt wenigstens eine Woche Aufenthalt einplanen. Ihm stehen Übernachtungsmöglichkeiten von internationalen Spitzenhotels bis zu gemütlichen Wirtshäusern zur Wahl. Arrangements für Gruppen und Einzelreisende bieten Rothenburg–Programme für 3 bis 7 Tage an und ersparen dem Gast die Planung seiner Aktivitäten. Es gibt also genügend Gründe und Wege, dieses Kleinod des Mittelalters zu besuchen. Wir wünschen Ihnen viel Freude bei der Benutzung dieses Büchleins und bei Ihrem Aufenthalt im romantischen Rothenburg.

Die Geschichte der Stadt

um 970 Der ostfränkische Adlige Reinger errichtet die Pfarrei im heutigen Stadtteil Detwang. Er baut die Comburg bei Schwäbisch Hall und auf der Bergnase über der Tauber (=ob der Tauber) die Grafenburg.

1108 Das Geschlecht der Grafen von Rothenburg stirbt aus. Graf Heinrich vermacht all seinen Besitz einschließlich der Siedlung Rothenburg dem Kloster Comburg. Diese Schenkung wird nicht durch Kaiser Heinrich V. bestätigt.

1116 Der Kaiser belehnt seinen Neffen Herzog Konrad von Schwaben mit Rothenburg, das damit in den Besitz der Hohenstaufen gelangt.

1137 Konrad wird deutscher König (Konrad III.) und hält in Rothenburg Hof. Er läßt die Reichsburg errichten und überläßt die Grafenburg den von ihm eingesetzten Vögten.

1152 Bei Konrads Tod ist sein Sohn Friedrich, das "Kind von Rothenburg", erst 8 Jahre alt. Deshalb überträgt man seinem Vetter Friedrich Barbarossa die Königswürde.

1157 Konrads Sohn Friedrich wird im Alter von nur 13 Jahren in Würzburg zum Ritter geschlagen. Friedrich I. Barbarossa verleiht ihm die Würde eines Herzogs von Rothenburg und beleiht ihn mit Schwaben und Ostfranken. Friedrich der Schöne hält in Rothenburg glanzvoll Hof und heiratet eine Tochter Heinrichs des Löwen.

1167 Friedrich der Schöne zieht mit seinem Vetter Friedrich Barbarossa nach Italien, um Papst Alexander III. zu vertreiben. Das Heer ist siegreich, jedoch bricht unter den Rittern eine Seuche aus, der auch Friedrich der Schöne zum Opfer fällt. Friedrich Barbarossa tritt sein Erbe an und läßt seine fränkischen Besitzungen durch Vögte verwalten.

1172 Rothenburg erhält die Stadtrechte. Bau der ersten Stadtmauer, von der noch der Weiße Turm, der Markusturm und der Röderbogen erhalten sind.

ab 1204 Kaum ist der Befestigungsring fertiggestellt, ist er bereits zu eng geworden. Die Stadt beginnt mit dem Bau der noch heute im wesentlichen erhaltenen Anlage. Es entstehen das Kobolzeller Tor, der Siebersturm, das Rödertor, das Würzburger Tor und das Klingentor. Bei dieser ersten Stadterweiterung erhöht sich die bebaubare Fläche um das Dreifache, der Verteidigungsring von 1400 auf 2400 m.

1250 Grundsteinlegung zum Bau des gotischen Rathauses.

1251 Kaiser Konrad IV. verpfändet Rothenburg an Gottfried von Hohenlohe. Die Stadt kann sich jedoch aus eigener Kraft freikaufen, ebenso bei weiteren Verpfändungen 1325 und 1349.

1274	Rothenburg wird freie Reichsstadt.
1311	Baubeginn der Jakobskirche (geweiht 1484).
1339	Kaiser Ludwig der Bayer erteilt der Stadt das Recht, selbständig Bündnisse einzugehen.
1352	Rothenburg erwirbt die Unabhängigkeit vom Reich und die Blutgerichtsbarkeit.
1356	Ein Erdbeben zerstört beide Burganlagen bis auf wenige Reste. Bau der Doppelbrücke über die Tauber.
14. Jh.	Die Stadt erhält von Kaiser Albrecht I. die Genehmigung, das Spitalviertel in die Stadtmauern einzubeziehen. Durch diese 2. Stadterweiterung verlängert sich die Verteidigungslinie auf 3400 m.

Rothenburg 1648, ganz vorn der "Pharamundsturm".

um 1400 Erneut Blüte der Stadt unter Bürgermeister Heinrich Toppler, zugleich Feldhauptmann der Städte Ulm, Nördlingen und Dinkelsbühl. Er läßt die Blasiuskapelle neu gestalten, das Wildbad erbauen sowie für sich als Sommersitz das Topplerschlößchen im Taubergrund. Dort ist der umstrittene König Wenzel (1378 - 1400) des öfteren zu Gast. Die langjährige Fehde mit dem Nürnberger Burggrafen Friedrich endet mit der Verwüstung der Rothenburger Landhege und einem ungünstigen Friedensschluß für Rothenburg (1408). Im selben Jahr fallen dem neuen König, Ruprecht von der Pfalz, Briefe Topplers an den abgesetzten Wenzel in die Hände. Toppler wird wegen des Verdachts der Konspiration festgenommen und zusammen mit seinem ältesten Sohn und seinem Vetter in die Verliese unter dem Rathaus gesperrt. Dort stirbt Toppler drei Monate später, seine Verwandten werden begnadigt.

1450	Ende der Fehden mit den Fürsten, der Städtebund muß sich auflösen.
1455	Die Handwerker Rothenburgs erzwingen die Ratsfähigkeit.
1501	Der Ostflügel des gotischen Rathauses brennt nieder.

1520	Die Juden werden aus der Stadt gejagt, ihre Synagoge und ihr Friedhof zerstört. Bereits 1350 sind sie aus ihrem ursprünglichen Wohngebiet um ihre erste Synagoge auf dem heutigen Kapellenplatz in die Judengasse umgesiedelt worden.
1525	Der "Bilderstürmer" Dr. Karlstadt hetzt Müller auf, welche die wertvolle Einrichtung der Kobolzeller Kirche zerstören. Die Stadt verbündet sich mit dem Bauernheer Florian Geyers, das durch den Schwäbischen Bund vernichtend geschlagen wird. Am 30.6. hält Markgraf Casimir von Ansbach auf dem Rothenburger Marktplatz Gericht gegen die Aufrührer und läßt 17 von ihnen öffentlich enthaupten. Lediglich Dr. Karlstadt ist vorher aus der Stadt geflohen. Die Stadt muß Kriegsentschädigungen zahlen. Nach wenigen Jahren der evangelischen Religionsausübung wird erneut die Messe eingeführt.
1552	Markgraf Albrecht von Brandenburg-Kulmbach zwingt die Stadt in den Schmalkaldener Bund gegen den Kaiser. Der Markgraf wird besiegt. Rothenburg muß sich ergeben und eine enorme Kriegsentschädigung von 80.000 Gulden bezahlen.
1554	Die Hauptkirche wird endgültig protestantisch.
1572	Unter dem Rothenburger Baumeister Leonhard Weidmann beginnt die Stadt mit dem Bau des neuen Rathauses, es folgen das Gymnasium, die Spitalbastei, das Baumeister- und das Hegereiterhaus. Zahlreiche Brunnen und die Roßmühle sollen die Versorgung der Bürger mit Wasser und Brot auch in Kriegszeiten sichern.
1608	Die evangelischen Fürsten und Städte schließen sich zur Union zusammen.
1618	Die Union tagt in Rothenburg. Beginn des 30jährigen Krieges. Die Stadt beteiligt sich an den Kosten und muß durchziehende Truppen aufnehmen und Winterquartiere zur Verfügung stellen. Plündernde Horden richten in den Dörfern schwere Schäden an.
1631	Gustav-Adolf von Schweden verweilt in Rothenburg und läßt eine kleine Garnison zurück. Der kaiserliche Feldherr Tilly wird daher bei seinem Ersuchen um Winterquartiere abgewiesen, die Wehranlagen werden von den Bürgern besetzt. Nach kurzer, energischer Gegenwehr müssen sich die Rothenburger der Übermacht ergeben, nachdem der Feind 300 Gefallene zu beklagen hat. Der Sage nach rettet der "Meistertrunk" die Stadt vor Plünderung und Zerstörung. Erneut muß sie hohe Kontributionen bezahlen.
1632	Tilly verläßt die Stadt, später ist erneut Gustav-Adolf mit seinen Truppen dort.

1634	Der kaiserliche Feldherr Piccolomini hat Rothenburg besetzt.
1645	Belagerung und Beschießung, schließlich Einnahme der Stadt durch französische Truppen unter General Turenne.
1647	Eine Armee unter dem Fürsten und Markgrafen von Durlach bedrückt die Einwohner.
1648	Beim Friedensschluß muß die verarmte Stadt nochmals 50.000 Gulden Kriegslasten bezahlen, die sie sich leihen muß.
1650	Die letzten Soldaten verlassen endlich die Stadt, die durch Kriegsfolgen und Seuchen die Hälfte ihrer Bewohner eingebüßt hat. Sie sinkt ab zur Bedeutungslosigkeit eines Landstädtchens, die Entwicklung ruht über Jahrhunderte.
1802	Rothenburg verliert seine Unabhängigkeit und wird Bayern angegliedert.
19. Jh.	Allmähliche Entdeckung der Stadt für den Fremdenverkehr. Die Jakobskirche wird renoviert.
1873	Rothenburg wird durch eine Bahnstrecke erschlossen.
1881	Uraufführung des historischen Festspiels "Der Meistertrunk".
1898	Gründung des Vereins "Alt-Rothenburg", der sich die Pflege der Heimatgeschichte und die Erhaltung des Stadtbildes zur Aufgabe macht.

Blick vom Faulturm über das zerstörte Rothenburg 1945.

1945	Die Stadt wird durch einen Bombenangriff teilweise zerstört. Ihrer völligen Vernichtung entgeht sie durch das entschiedene Eingreifen eines amerikanischen Generals. In den folgenden Jahren wird sie in altem Stil wieder aufgebaut. Finanzielle Unterstützung aus dem In- und Ausland ermöglicht eine völlige Wiederherstellung der zerstörten Wehranlagen.
1975	Die Zehntscheuer des Spitals wird zur "Reichsstadthalle" ausgebaut.

1 Beginn des Rundgangs
Am Marktplatz

Wie zu der Zeit, als der Platz angelegt wurde, bildet er noch heute den lebendigen Mittelpunkt des Städtchens. Hier treffen sich die Einheimischen beim Wochenmarkt und zum Plaudern ebenso wie die Touristen zum Beginn einer Stadtführung, zum historischen Schäfertanz oder zum "Einzug der Kaiserlichen Truppen" im Rahmen des Festspiels "Der Meistertrunk". Auf den Stufen des Rathausvorbaus ruht man sich aus und genießt den Blick auf die ehrwürdigen Fassaden der Bürgerhäuser, die den Platz umrahmen. Zu jeder vollen Stunde zwischen 11 und 15 Uhr sowie um 21 und 22 Uhr brodelt es hier von Leben, das jäh verstummt, wenn sich die beiden Butzenfenster rechts und links der Stadtuhr öffnen. Das Publikum blickt gebannt auf die Schlüsselszene des historischen "Meistertrunks": Altbürgermeister Nusch leert einen riesigen Humpen mit 3 1/4 l Frankenwein, während der kaiserliche Feldherr Tilly bewundernd dazu nickt. Nach der Überlieferung soll der Bürgermeister die Stadt dadurch am 31. Oktober 1631 vor der Zerstörung bewahrt haben. Der rettende Trunk habe für Nusch lediglich einen dreitägigen Schlaf zur Folge gehabt (siehe Veranstaltungen).

Die Kunstuhr am Giebel der Ratsherrntrinkstube mit der Meistertrunkszene. In der Mitte die alte Stadtuhr von 1683.

Fest steht, daß die Frauen und Kinder Rothenburgs am 31.10.1631 Tilly hier auf dem Platz um Gnade anflehten. Die Reichsstadt mit überwiegend protestantischer Bevölkerung sympathisierte während des 30jährigen Krieges mit der Union, dem Zu-

Rathaus und Ratsherrntrinkstube, rechts der Anblick 1945.

sammenschluß der evangelischen Fürsten und Städte. Im September 1631 waren schwedische Reiter in der Stadt einquartiert gewesen, eine kleine Garnison war zurückgeblieben. In dieser Lage erschien der kaiserliche Feldherr vor Rothenburg und verlangte für seine Soldaten Winterquartiere in der Stadt, was die Bürgerschaft strikt ablehnte. 2 Tage leisteten die Verteidiger erbitterten Widerstand, 2 Bürger und 300 Angreifer fanden den Tod. Als jedoch der Pulvervorrat nahe der Klingenbastei explodierte und die Munition zu Ende ging, ergaben sich die Rothenburger der feindlichen Übermacht.

Auch im folgenden Jahr stand der Marktplatz wieder im Mittelpunkt des Geschehens, als nämlich das Heer des Schwedenkönigs Gustav-Adolf hier lagerte. Er selbst übernachtete im Rathaus. Die schaurigste Begebenheit hatte der Platz am 30.6.1525 erlebt: Markgraf Casimir von Ansbach hielt hier Gericht gegen Aufwiegler im gerade überstandenen Bauernkrieg. 17 von ihnen wurden öffentlich enthauptet, ihre Leichen mußten bis zum Abend auf dem Marktplatz liegen bleiben, "so daß das Blut wie ein Bächlein die Schmiedgasse hinabgeronnen". Erfreulicher war da schon das festliche Ereignis im Jahr 1474 gewesen: Von seinem stattlichen Thron vor der **Ratsherrntrinkstube** belehnte Kaiser Friedrich III. in einer feierlichen Zeremonie den Dänenkönig Christian mit Holstein.

9

Das prächtige Gebäude (1446) war nur für die Ratsherren zugänglich. In seinem hallenartigen Erdgeschoß, wo heute die Touristeninformation residiert, stand die städtische Ratswaage. Neben der berühmten Kunstuhr (1910) schmücken den Giebel die große Stadtuhr (1683) – mit Datumsanzeige –, die Sonnenuhr von 1768 und das reichsstädtische Wappen, der Doppeladler mit dem Symbol Rothenburgs.

2 Das Rathaus

Dieser stolze Bau beherrscht mit seiner prächtigen Renaissance-Fassade den Platz. Unter der Leitung des einheimischen Baumeisters Leonhard Weidmann entstand hier 1572-78 eine der imposantesten Bauten dieser Stilepoche nördlich der Alpen. Zuvor hatte hier ein gotischer Doppelbau (ab 1250) gestanden, wie ihn der Maler Friedrich Herlin auf einer der Tafeln am Hauptaltar der Jakobskirche überliefert hat. Während der westliche Teil mit dem schlanken Glockenturm bis heute erhalten blieb, fiel der östliche 1501 einem Brand zum Opfer. Mit Hilfe des schlichten Treppenturms und des hohen Eckerkers unterbrach der Baumeister die strenge horizontale Linienführung der Fensterreihen und Gesimse und paßte die Bauteile einander an. Auch der erst 1681 vorgesetzte Arkadenbau im Stil des Barock wirkt 0keineswegs als Fremdkörper. Die Wappen der Kurfürsten schmücken seine Rundbögen. Eine harmonisch geschwungene Wendeltreppe führt uns in die geräumige Vorhalle des 1. Obergeschosses mit seiner schweren Balkendecke. Wappen der bekannten Rothenburger

Die Gerichtsschranken, heute in der Vorhalle des Rathauses.

◄ *Relief (14. Jh.) im Kaisersaal.*

Blick vom Arkadenvorbau des Rathauses über den Marktplatz mit seinen prächtigen Bürgerhäusern.

Patrizierfamilien wie Nusch, Bezold, Winterbach und von Staudt zieren die Wände zu beiden Seiten des prächtigen Portals. Ein Gemälde zeigt Rothenburgs bedeutendsten Politiker, Bürgermeister Heinrich Toppler, in Ritterrüstung. An den Schwedenkönig Gustav-Adolf erinnert eine Bronzetafel. Der berühmte Heerführer übernachtete hier im Oktober 1632 wenige Wochen vor der Entscheidungsschlacht bei Lützen, die ihm den Sieg und den Tod brachte.

Hinter der mittleren Tür befindet sich der Kaisersaal, einer der imponierendsten Räume deutscher Gotik. Eine hohe, mächtige Holzdecke überspannt den langgestreckten Saal, der nur durch wenige steinerne Einbauten geschmückt war: das Relief (14. Jahrh.) mit einer Darstellung des Jüngsten Gerichts, die Fensterbänke, das Treppengitter und die Gerichtsschranken (alles 16. Jahrh., L. Weidmann).

Weit weniger aufwendig gestaltete die Stadt den ebenfalls geräumigen Vorplatz im 2. Obergeschoß. Dafür imponiert das prächtige Maßwerk an der Decke des Treppenturms mit den Wappen der Stadt, des Reiches und der 7 Kurfürsten sowie dem Monogramm des Baumeisters Leonhard Weidmann. Über das Dachgeschoß gelangen wir nach teils steilem und engem Aufstieg auf den 60 m hohen Rathausturm, von dem aus sich ein herrlicher Rundblick über die Giebel der mittelalterlichen Stadt und ihre Umgebung bietet. Von hier blasen die Stadtmusikanten bei Hochzeiten und manch anderen Anlässen ihre Choräle aus luftiger Höhe.

Rathausturm: *April bis Oktober 9.30 – 12.30 und 13.00 – 17.00 Uhr, November bis März nur Sonntag 12.00 – 15.00 Uhr, Kunstausstellung: Ostern bis Oktober 10.00 – 17.00 Uhr, auch während des Weihnachtsmarktes.*

3 Kunstausstellung im ehem. Fleisch- und Tanzhaus

Gegenüber dem Rathaus plätschert der wohl schönste der zahlreichen Brunnen der Stadt, der **Georgsbrunnen.** Bedingt durch deren Lage auf der Hochfläche war die Anlage von Brunnen lebensnotwendig und aufwendig, denn das Wasser mußte von den benachbarten Höhenzügen über größere Entfernungen in die Stadt geleitet werden. Die Lage dieser Leitungen wurde überdies geheim gehalten, um im Belagerungsfall nicht "das Wasser abgegraben" zu bekommen. Bereits 1446 floß der Herterichsbrunnen, dessen Steinkasten 1608 im Stil der Spätrenaissance erneuert wurde. Er ist 8 m tief und diente mit seinen 100.000 l Inhalt bei Feuersbrünsten als Wasserreserve. Die Gestalt des Ritters St. Georg – mit Drachen – krönt die schlanke, wappengeschmückte Brunnensäule. In früheren Zeiten waren vor dem Brunnen die Symbole mittelalterlicher Gerichtsbarkeit aufgestellt: Galgen, Pranger und Drehhäuschen. Um ihn herum tanzten einmal jährlich die Schäfer, um die

Die prächtigen Fassaden des ehemaligen Fleisch- und Tanzhauses – hinter dem Georgsbrunnen – und des Jagstheimerhauses. Rechts der Rathauserker.

Der hübsche Georgs- oder Herterichsbrunnen, flankiert vom Jagstheimerhaus und dem gotischen Rathaus mit seinem 60 m hohen Turm.

Pest in Rothenburg zu bannen. Heute wird diese Tradition wieder auf dem Marktplatz gepflegt (s. Veranstaltungen)

Zwei steile Fachwerkgiebel bilden eine prächtige Ergänzung zum Herterichsbrunnen. Den zierlichen mit dem hübschen Erker ließ sich Bürgermeister Jagstheimer 1488 erbauen. Dahinter wohnte 1513 Kaiser Maximilian I. als prominentester der zahlreichen hohen Gäste. Das Haus, das sich in Privatbesitz befindet, hat einen sehr hübschen Innenhof mit reich verzierten Brüstungen an den Galerien und gilt als eines der schönsten Patrizierhäuser Rothenburgs. Das reichsstädtische **Fleisch- und Tanzhaus** - daneben - wurde auf den Grundmauern des ältesten Rathauses der Stadt errichtet, das 1240 einem Brand zum Opfer gefallen war. Im Untergeschoß, heute Verkaufsausstellungsräume der zahlreichen Rothenburger Maler, boten bis ins 18. Jahrhundert die Fleischer ihre Produkte feil. Über den Kreuzgewölben feierte die Stadtbevölkerung im recht hohen Saal ihre Feste.

4 Historiengewölbe und Verliese

Nach einem Blick auf die steile Fassade des gotischen Rathauses mit den zwei Wappentafeln als einzigem Schmuck betreten wir den Lichthof, der die Gebäudeteile trennt. Beiderseits am Portal sind die offiziellen Längenmaße des mittelalterlichen Ro-

Renaissance-Portal im Lichthof des Rathauses.

thenburg angebracht, Rute (3,93 m), Schuh (30 cm), Elle (59 cm) und Klafter (1,83 m). Im Innern des Hofs imponiert das malerische **Renaissance-Portal,** ebenfalls von Weidmann geschaffen. Es diente bis zur Fertigstellung des Neubaus im 16. Jahrhundert als Haupteingang. Zu beiden Seiten gab es einst 14 feuersichere Gewölbe, die zeitweise als Kramläden genutzt wurden. Einige von ihnen dienen heute als **Historiengewölbe,** in denen Ausstattungsstücke und Szenen aus dem 30jährigen Krieg zu bewundern sind. Von hier führt eine Treppe hinunter in die Verliese, wo in der Folterkammer einst mancher Verdächtige zum Reden gebracht wurde, ohne daß ein Schmerzensschrei ins Freie gelangte. Dann mußte er vielleicht jah-

14

Historiengewölbe: Szene aus der Zeit des 30jährigen Krieges.

relang in einem der drei engen, stockdunklen Kerker schmachten wie im Jahre 1408 Rothenburgs berühmtester Bürgermeister, Heinrich Toppler. Er war einst Feldhauptmann des Städteheeres der Region bis hin nach Ulm gewesen und besaß neben einem riesigen Vermögen beste Beziehungen zum im Jahre 1400 abgesetzten König Wenzel sowie zum Heiligen Stuhl. Eines Tages fielen geheime Briefe Topplers an den Ex-König Wenzel dem Gegenkönig Ruprecht von der Pfalz in die Hände. Aus ihnen ging wohl hervor, daß Toppler an einer Wiedereinsetzung Wenzels interessiert war. Kurz darauf, am 6. April 1408, ließ ihn der Rat verhaften und in das vorderste der drei Verliese stecken, daneben seinen ältesten Sohn Jakob und seinen Vetter. Während das abgesetzte Stadtoberhaupt hier nach dreimonatiger Haft starb – oder vielleicht hingerichtet wurde –, entließ man seine beiden Verwandten auf das Bitten von Freunden kurze Zeit darauf. Seine Erben mußten die Stadt auf immer verlassen und ihre Habe in Rothenburg verkaufen. Nachdem sie über 10.000 Gulden Strafgeld bezahlt hatten, zogen sie nach Nürnberg.

Wir verlassen den Lichthof am anderen Ende und nähern uns der Hauptkirche St. Jakob, vor der wir zunächst nach rechts abbiegen.

Historiengewölbe:
Mitte März – Ende April 10.00 – 17.00 Uhr;
Mai – Oktober 9.00 – 18.00 Uhr;
November + Dezember Fr/Sa/So 10.00 – 17.00 Uhr.

5 Das ehemalige Gymnasium

Der freie Platz war einst Kirchhof der Stadt. Die Steintreppe gegenüber dem Ostchor erinnert an die Michaelskapelle, zu der sie einst gehörte. Diese war 1449 als Friedhofskapelle erbaut worden, ein zierlicher achteckiger Zentralbau, der als das schönste Gotteshaus der Stadt galt. Für ihn hatte Riemenschneider den kunstvollen Heiligkreuzaltar gefertigt, der seit 1653 in der Dorfkirche von Detwang steht. Die Kapelle wurde 1804 abgerissen. Neben der Treppe ist lediglich die ehemalige Sakristei mit ihrem hübschen Maßwerk erhalten. An der Nordseite des Kirchplatzes steht der wuchtige Renaissancebau des **Alten Gymnasium** (1589), heute Gemeindezentrum. Auffallend ist der achteckige Treppenturm mit der Zwiebelhaube, den Sonnenuhren und vor allem dem prunkvollen Portal.

6 Die St. Jakobskirche

Wenden wir uns nun der Hauptkirche zu, deren mächtige Fassade im Stil der Hochgotik die Dächer der Stadt weit überragt. Hohe, schmale Fenster, schlanke Strebepfeiler und hohe Türme mit durchbrochenem Helm kennzeichnen diese Stilrichtung. Es fällt auf, daß die Turmhelme unterschiedlich fein gestaltet sind. Der Überlieferung nach stammt der südliche Turm vom Meister selbst, der schlanke Nordturm von einem seiner Gehilfen. Aus Ärger über die besser gelungene Arbeit des Gesellen habe sich der Meister von seinem Turm in den Tod gestürzt. Einleuchtender ist da allerdings der Hinweis auf die lange Bauzeit, die sich von 1311 bis zur Einweihung 1484 erstreckte. Zwar war der Deutsche Ritterorden Auftraggeber für das Kolossalwerk gewesen, finanziert wurde es jedoch "mit Gab, Rat und Hilf und gemeinem Almosen unserer Bürger und auch anderer frommen Christenleute, als Gewohnheit ist im Land" – so die Chronik. Dieses prächtige Gotteshaus war für die Bürgerschaft jener Zeit eine bewundernswerte Leistung, die bei einem Gang durch das Innere erst recht deutlich wird. Vor dem Südturm ist eine Ölbergszene mit Originalfiguren des 14. und 16. Jahrhunderts aufgebaut. Vorbei an der reich geschmückten "Brauttür", betreten wir die Kirche durch das Südportal.

Lassen wir das gotische Gesamtbild auf uns wirken, so wird unser Blick durch die hohen, senkrecht durch Säulen geteilten Schiffe unwillkürlich nach oben gelenkt, zu Gott. Der zweite Blick vom Mittelschiff aus geht hin zum schlanken Ostchor mit seinen hohen, farbigen Fenstern zwischen den weißen Wandflächen. In dieser Kirche haben die Bürger Rothenburgs eine einmalige Vielfalt von Kunstgegenständen hinterlassen. Wir folgen dem südlichen Seitenschiff von der Empore in Richtung auf den Ostchor. Von einer Darstellung des

Die Jakobskirche bildete im Mittelalter zusammen mit dem Rathaus das Zentrum der freien Reichsstadt. Das hochgotische Gotteshaus entstand in mehr als 150jähriger Bauzeit als Hauptkirche Rothenburgs.

Propheten Elias reicht die Palette der Stiftungen über die Spörlins-
kapelle - mit einer spätgotischen Muttergottes -, die Topplerkapelle,
eine Jakobsfigur, das bekannte Hornburgepitaph bis hin zum Maria-
Krönungs-Altar an der Stirnwand. Dieses Kunstwerk (um 1520)
stammt wahrscheinlich von einem der Schüler Riemenschneiders
und war ursprünglich in der Kirche des Heilig-Geist-Spitals aufgestellt. Es zeigt die Krönung Mariens, auf den Seitenflügeln Maria mit
Kind und die hl. Anna Selbdritt (Anna, Maria und Christus, eine
häufige Darstellung im Mittelalter), in der Predella den Tod Mariens.
Wie auch gegenüber schmücken vier eindrucksvolle Plastiken die
östliche Säule des Langhauses: Die Heiligen Christopherus, Georg,
Johannes der Täufer und Johannes der Evangelist.

Drei Stufen und die Figuren der Heiligen Petrus und Michael mar-
kieren den Übergang zum Ostchor, dem ältesten Bauteil der Kirche. Das prächtige Chorgestühl ließen sich die Angehörigen des
Deutschen Ritterordens 1514 von einem einheimischen Meister an-
fertigen. Die Gemälde darüber zeigen ehemalige Hauptprediger aus
der Zeit nach der Reformation. Im Brennpunkt des Ostchors steht
der farbenprächtige **Zwölfbotenaltar,** einer der künstlerisch wert-
vollsten in Deutschland. Heinrich Toppler ermöglichte durch seine
bedeutenden Stiftungen die Anfertigung, die Ausführung der
Gemälde übernahm der berühmte Künstler Friedrich Herlin aus
Nördlingen. Schwäbische Meister schnitzten die wertvollen Figuren
im Schrein: links vom beeindruckenden Kruzifix Maria, Kirchen-
patron Jakobus und Elisabeth, rechts die Heiligen Johannes,
Leonhard und Antonius. Die Darstellung auf der Predella - Christus und die zwölf Jünger - gab dem Altar seinen Namen. Die
Gemälde auf der Vorderseite der Altarflügel zeigen Szenen aus dem
Leben der Gottesmutter: links oben die Verkündigung und die
Heimsuchung Mariens, darunter Christi Geburt und seine Be-
schneidung, rechts die Anbetung durch die Heiligen Drei Könige
und eine Darstellung im Tempel sowie in zwei Bildern der Tod Mariens.

Auf der Rückseite der Tafeln stellte Herlin den Tod des Jakobus
und seine Legende dar. Die richtige Reihenfolge der Bilder ergibt
sich, wenn wir uns den Altar mit geschlossenen Flügeln vorstellen:
Der Heilige wird während einer Predigt gefangen genommen (Bild
❶), hingerichtet ❷ und sein Leichnam in eine mittelalterliche Stadt
überführt ❸. Es folgt die Jakobslegende: Pilger, unterwegs zum
Grab des Jakobus, speisen in einer Herberge. Unterdessen ver-
steckt der Wirt heimlich einen goldenen Becher in einer der Reise-
taschen ❹. Der Wirt hat den angeblichen Diebstahl seines Bechers
der Obrigkeit gemeldet, man findet ihn im Gepäck eines Pilgers.
Um den Vater zu beschützen, bezichtigt sich sein Sohn des Dieb-
stahls, er wird gehenkt ❺. Der trauernde Vater findet seinen Sohn
noch lebend am Galgen, denn der hl. Jakobus hat ihn gestützt. Er
eilt in Begleitung des Richters in die Herberge zurück ❻. Als der
Wirt die Neuigkeit erfährt, behauptet er ungläubig, der junge Mann

Jakobskirche: Der Hauptaltar (Zwölfbotenaltar) enthält neben den ansprechenden Schnitzfiguren im Schrein herrliche Gemälde von Friedrich Herlin (15. Jh.).

sei ebenso tot wie die Hühner an seinem Bratspieß. Diese jedoch fliegen davon und beweisen damit die Unschuld der Pilger ❼. Nachdem der Sohn vom Galgen befreit worden war, zieht er mit seinem Vater seines Weges. Der boshafte Wirt jedoch wird zum Galgen geführt ❽.

Bild ❸ – mit der Überführung des Leichnams – zeigt eines der ältesten überlieferten Stadtbilder aus dem Mittelalter, nämlich den Marktplatz Rothenburgs im 15. Jahrhundert mit dem vollständigen Doppelbau des gotischen Rathauses. Dem 1501 niedergebrannten vorderen Teil sind Kramläden vorgesetzt. Der hintere Teil mit dem schlanken Turm ist ebenso im wesentlichen erhalten geblieben wie die Ratsherrentrinkstube, deren Obergeschosse noch in Fachwerk gehalten waren, und die Türme der Jakobskirche. Verschwunden ist jedoch das Stadttor rechts im Hintergrund.

Die 17 m hohen Fenster des Chorabschlusses bergen wertvolle

Ausschnitte aus den Gemäldetafeln des Friedrich Herlin.

Jakobskirche: Der Ausschnitt aus einem Gemälde auf der Rückseite des rechten Altarflügels zeigt den Marktplatz und das Rathaus vor der Brandkatastrophe im Jahr 1501.

Glasgemälde aus der Zeit um 1400, dem Erlösungswerk Christi (rechts) und dem Leben der Maria (links) gewidmet. Das hellere Mittelfenster, schon um 1350 entstanden, zeigt Szenen aus dem Leben und Leiden Jesu, umrahmt von Darstellungen der Apostel. Aus demselben Jahrhundert stammt die Sakramentsnische an der Nordseite in Höhe des Hauptaltars. Über dem Schrein für die Sakramente thront Gott Vater, umrahmt vom Schmerzensmann und Maria sowie Johannes dem Täufer und Johannes dem Evangelist, gefertigt in qualitätvoller Steinmetzarbeit. Wappentafeln über der Rückwand des nördlichen Chorgestühls erinnern an die Patrizierfamilien, die sich als Stifter für die Kirche verdient gemacht haben.

Der Ludwig-von-Toulouse-Altar an der Stirnseite des Nordschiffs wird dem berühmten Holzschnitzer Tilman Riemenschneider zugeschrieben. Er enthält als einzige Plastik die bemalte Darstellung des hl. Ludwig (1274-1297), der auf die Thronfolge als König von Neapel verzichtet hatte, dem "Bettelorden" beigetreten und zum Erzbischof von Toulouse geweiht worden war. Die Gemälde zeigen Szenen aus dem Leben des Heiligen. Wir passieren die erste Säule, wie ihr Gegenüber von vier Apostelfiguren geschmückt,

und die zweite, welche die neugotische Kanzel (1854) trägt. Weitere Grabdenkmäler, Statuen und zwei Kapellen schmücken die Nordseite des Chors, von der aus wir den Blick zur Westempore erheben. Dort wurde 1968 die heutige Orgel geweiht, die Experten aus aller Welt wegen ihres raumfüllenden Klanges rühmen. 69 klingen-

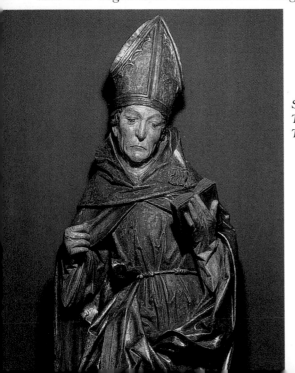

Jakobskirche: Blick gegen den Ostchor.

de Register und 5500 Pfeifen werden von zwei Spieltischen mit zusammen 6 Manualen bedient und machen die zahlreichen Konzerte zu einem Ohrenschmaus für alle Liebhaber der Orgelmusik (Im Sommer zweimal wöchentlich Orgel-Konzerte). Nachdem das Vorgängerinstrument vier Jahrhunderte lang im Zentrum der Empore gestanden hatte, wurde durch diese neue Orgel wieder Platz für die größte Kostbarkeit des Gotteshauses, den Heiligblutaltar. Er entstand 1499-1505 in den Werkstätten des Rothenburger Schreiners Erhard Harschner und des Bildhauers Tilman Riemenschneider,

Jakobskirche: Das Hauptbild mit der Darstellung des Abendmahls gilt als eines der imponierendsten Meisterwerke des Tilman Riemenschneider. Im Zentrum steht Judas, dem Christus das Brot reicht.

◄ Jakobskirche: Der Heiligblutaltar mit seiner berühmten Reliquie im vergoldeten Kreuz war im Mittelalter das Ziel zahlreicher Wallfahrer.

der sämtliche Figuren und die Reliefs zu fertigen hatte. Auftraggeber war der Rat der Stadt Rothenburg, der einer im Mittelalter verehrten Reliquie einen würdigen Rahmen geben wollte: einer Bergkristallkapsel, die der Überlieferung nach drei Tropfen vom Blut Christi enthält. Sie ist in das vergoldete Kreuz (um 1270) über dem Schrein eingearbeitet und gab dem unvergleichlichen Kunstwerk den Namen. Besonders eindrucksvoll ist die Darstellung des Hauptbildes, der Abendmahlszene. Sie zeigt die außergewöhnliche Ausdrucksfähigkeit des genialen Meisters, dem hier eines seiner qualitätvollsten Werke gelang. Ungewöhnlich ist die Verteilung der Personen dieser Darstellung: Nicht Christus steht im Zentrum, sondern Judas, der Verräter. Ihm reicht der Herr den Bissen und sagt: "Einer von euch wird mich verraten". Die Wirkung dieser Worte spiegelt sich in den Gesichtern der Jünger: Bestürzung, Er-

*Heiligblutaltar:
Szenen aus dem
Abendmahl und
vom Ölberg.*

regung und Ratlosigkeit. Lediglich Johannes, der Lieblingsjünger Christi, ruht schlafend an der Brust seines Herrn. Die zwischen die Säulen des Schreins eingelassenen Butzenscheiben geben, zusammen mit dem hell gehaltenen Mittelfenster der Empore, dem Hauptbild eine unvergleichliche Raumwirkung. Der Schrein steht über einem zerbrechlich leicht wirkenden Unterbau, darüber das hohe Gesprenge, beide sind mit reichem Figurenschmuck versehen. Die kunstvollen Reliefs auf den Flügeln des ehemaligen Wallfahrtsaltars stellen den Einzug Jesu in Jerusalem und die Ölbergszene dar: Jesus betet, die Jünger schlafen, im Hintergrund betritt der Verräter Judas den Garten, gefolgt von den Häschern. Das gesamte Bildwerk ist aus Lindenholz geschnitzt und war ursprünglich lediglich mit Eiweiß gestrichen, dem die Künstler Ocker und Schwarz zur Pigmentierung zugesetzt hatten.

Nach dem Verlassen des prächtigen Gotteshauses halten wir uns rechts und folgen der Klingengasse, die unter der Empore der Kirche hindurchführt. Bald begegnet uns eines der lieblichsten Motive der Stadt, der malerische **Feuerleinserker** (um 1600). Hier biegen wir nach links ab zum Reichsstadtmuseum im ehemaligen Dominikanerinnenkloster

Feuerleins-erker und Durchfahrt unter der Empore der Jakobskirche.

7 Das Reichsstadtmuseum

Im Jahre 1258 siedelten Nonnen aus dem benachbarten Kloster Neusitz nach Rothenburg um, nachdem ihnen Reichsküchenmeister Lupold von Nordenberg seinen Wirtschaftshof als Stiftung überschrieben hatte. Hier lebten – bis zur Auflösung des Klosters 1544 – vor allem die unverheirateten Töchter der einheimischen Patrizier und des Landadels. Ihre reiche Mitgift ermöglichte den Um- und Anbau der Gebäude, u.a. die Errichtung der geräumigen Klosterkirche (1270), die 1813 eingerissen wurde. Mit ihr verschwand auch der Allerheiligenaltar des Bildschnitzers Tilman Riemenschneider spurlos. Zahlreiche Gebäudeteile wurden im Laufe der Jahrhunderte verändert. Seit 1936 jedoch dient das ehemalige Kloster als Reichsstadtmuseum, und vor allem die historischen Räume faszinieren den Beschauer: die klösterlichen Wohn–, Schlaf- und Wirtschaftsräume mit ihren Balkendecken (14. Jahrh.), der Konventsaal (15. Jh.) mit seinem kunstvollen Tonnen-

Historische Küche des mittelalterlichen Dominikanerinnenklosters (gegr. 1258), heute Reichsstadtmuseum.

Reichsstadtmuseum: *April bis Okober 10.00 – 17.00 Uhr, November bis März 13.00 – 16.00 Uhr.*

Ehemaliges Dominikanerinnenkloster: spätgotisches Fenster im Kreuzgang mit Blick in den Kreuzhof.

Reichsstadtmuseum: Bildtafel aus dem Zyklus der Rothenburger Passion von Martinus Schwarz (um 1450 – um 1510) "Die Händewaschung des Pilatus", Tempera auf Holz, 1494

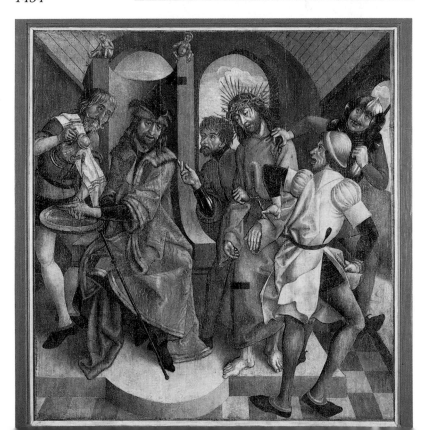

Reichsstadtmuseum: Kurfürstenhumpen, Glas mit Emaillemalerei, datiert 1616.

gewölbe, der Festsaal mit Stuckdecke (18. Jh.), die Kräuterküche und vor allem die alte Klosterküche (um 1300), wohl die älteste erhaltene Küche Deutschlands. In diesen Räumlichkeiten hat die Stadt behutsam darauf geachtet, daß sie nicht mit Exponaten überladen wurden. Zu ihnen gehört auch der herrliche frühgotische Kreuzgang, in dem die "Rothenburger Passion" stilgerecht ausgestellt ist. Es handelt sich um einen Zyklus von 12 Tafelbildern mit der Leidensgeschichte des Herrn, gefertigt 1494 von Martinus Schwarz. Neben Möbeln, Hausrat, Handwerkszeug, landwirtschaftlichem Gerät und Waffen aus den verschiedenen Jahrhunderten wird der originale Kurfürstenhumpen aus dem Jahr 1616 gezeigt, der 3 1/4 l Wein faßte und bei "hohem Besuch" zum Begrüßungstrunk Verwendung fand. Um ihn rankt sich die Legende des "Meistertrunks", wie sie alljährlich im historischen Festspiel aufgeführt wird.

Die Gemäldegalerie des Museums ist stolz auf die umfangreiche Sammlung des englischen Malers Arthur Wasse (1854-1930), dem es in eindrucksvoller Weise gelang, die unterschiedlichsten Stimmungen der zahlreichen romantischen Winkel Rothenburgs einzufangen. Nachdem er lange Jahre hier gelebt und gearbeitet hatte und schließlich verstorben war, vermachte die Witwe seinen künstlerischen Nachlaß der Stadt.

Zurück in der Klingengasse, folgen wir dieser weiter in Richtung Norden. Die nächste Kreuzung markiert den Verlauf der ältesten Stadtbefestigung. In der nach rechts abbiegenden Judengasse wohnten bis zu ihrer Vertreibung (1520) die Mitglieder der jüdischen Gemeinde Rothenburgs.

8 Klingentor und St.-Wolfgangs-Kirche

Der Weg zum erkergeschmückten, mehr als 30 m hohen **Klingenturm** (13. Jh.) mit seiner gemütvollen Laternenhaube, zeigt die Erweiterung der Altstadt. Seit dem 16. Jahrh., als man einen großen Kupferkessel einbaute, dient der Torturm als Wasser-Hochbehälter und versorgt die Röhrenbrunnen der Stadt. Wer noch Muße hat, dem empfehlen wir einen Besuch im neu eingerichteten Bäuerlichen Museum gleich neben dem Torturm. In der

Wehrmauer am Klingentor. Der Torturm gefällt durch seine zierlichen Erker und die hübsche Laternenhaube.

Aufgang zum Wehrgang am Klingentor

vorgesetzten Bastei (um 1500) fällt sofort die kleine turmlose St.-Wolfgangs-Kirche auf, an die der äußere Torturm angebaut ist. Gefälliges Maßwerk ziert die beiden spätgotischen Fenster, während das dritte Fenster schmucklos geblieben ist. An dieser Ecke befindet sich nämlich im Innern des Gotteshauses der Aufgang zur Empore und zum Torturm. Noch deutlicher wird die Verbindung von Sakral- und Wehrbau, wenn wir einige Schritte durch das äußere Tor hinaustreten: Die Nordwand der Kirche besteht aus massigen Buckelquadern, lediglich durch zwei Reihen von Schießscharten unterbrochen. Die obere zeigt den Verlauf des Wehrgangs an, der zwischen dem äußeren Torturm und dem angrenzenden Geschützboden innerhalb der Kirchenwand verläuft. Unter dem Kirchenboden waren Kasematten angelegt, von denen aus die Verteidiger auf Angreifer feuern konnten, die bereits in den Graben eingedrungen waren. Daraus wird ersichtlich, daß das Gotteshaus von vornherein als Festungskirche geplant war. Selbst der Chor und die Sakristei sind mit Wehranlagen ausgestattet. Die heutige Steinbrücke war in jener Zeit aus Holz konstruiert, dessen stadtseitige Hälfte im Bedarfsfall nach oben gezogen wurde und das schwere Außentor zusätzlich verstärkte.

Eine Innenbesichtigung des interessanten Bauwerks ist sowohl wegen der hübschen Altäre als auch wegen der Wehranlagen empfehlenswert. Die Kirche entstand gegen Ende des 15. Jahrhunderts an einem Platz, auf dem der Überlieferung nach die Schäfer der Umgebung seit vielen Jahren ihren Patron, den hl. Wolfgang, um Schutz vor reißenden Wölfen angefleht hatten. Sein Bildnis finden

Die Wolfgangs- oder Schäferskirche entstand als Wehrbau innerhalb der Klingenbastei. Links angebaut das Außentor der Anlage.

Wolfgangskirche: von links der Marienaltar, der Wolfgangsaltar und der Wendelinaltar.

wir außen zwischen den Portalen und im Zentrum des Hauptaltars, wo ihn die Hl. Sebastian und Rochus einrahmen. Die Gemälde auf den Flügeln stammen - ebenso wie die auf den Flügeln des Marienaltars - vom Rothenburger Maler Wilhelm Ziegler, der sie um 1515 anfertigte. Sie zeigen Szenen aus der Legende der drei Heiligen. Neben dem hl. Wolfgang war auch der hl. Wendelin beliebter Patron der Landbevölkerung. Ihm ist der dritte Altar der Kirche geweiht, die außerdem durch ihr feines Netzgewölbe gefällt.

Beim Hauptaltar beginnt eine Steintreppe, die innerhalb der starken Nordmauer hinab zu den Kasematten unter der Kirche führt. Den Torturm mit der malerischen Wachstube wiederum erreichen wir über eine Wendeltreppe links vom Eingang. Sie ist heute als Schäfertanz-Kabinett eingerichtet. Der Wehrgang in der Nordwand stellte die Verbindung zwischen dem Torturm und dem im 16. Jahrhundert angelegten Geschützboden her. Von hier aus konnte das Vorfeld der langen Nordflanke der Stadtmauer wirkungsvoll beschossen werden.

Vor dem inneren Torturm halten wir uns rechts und gelangen außerhalb der Mauer zum runden Strafturm, einem ehemaligen Gefängnis. Während wir dem Weg unterhalb der Stadtmauer folgen, wird uns deutlich, warum von der Talseite her nie ein Angriff

Wolfgangskirche: *März bis Oktober 10.00 – 13.00 und 14.00 – 17.00 Uhr.*
Bäuerliches Museum: *Ostern bis Dez. 10.00 – 18.00 Uhr.*

33

auf Rothenburg unternommen wurde, zumal die Steilhänge aus taktischen Gründen künstlich kahl gehalten wurden. Immer wieder ergeben sich überraschende Ausblicke auf das Taubertal mit Detwang und versteckten Mühlen und auf die Hohenloher Ebene. Eine Gedenktafel an einem der Häuser gibt Auskunft über die Rettung des berüchtigten "Bilderstürmers" Dr. Karlstadt. Eine seiner Anhängerinnen ließ ihn hier 1525 in einem Korb aus dem Fenster herab. So entging er dem Schicksal der übrigen Aufrührer, die am 30.6.1525 auf dem Rothenburger Marktplatz enthauptet wurden.

Wolfgangskirche: Treppenabgang zu den Kasematten

Klingenbastei: Schäfertanz-Kabinett.

Wappen der Stadt und des Reiches schmücken das Burgtor, rechts am Vortor ein Wappen der Grafen von Rothenburg und Comburg.

9 Das Burgtor

Durch eine Seitenpforte betreten wir das Gelände der ehemaligen Burgen, heute Burggarten. Links erhebt sich der höchste Torturm der Stadt. Nachdem die Burgen 1356 durch ein Erdbeben zerstört worden waren, wurde diese Toranlage notwendig und gleich in den folgenden Jahren verwirklicht. Das wappengeschmückte Außentor mit den spitzgiebligen Wach- und Zollhäuschen fügte die Stadt vor 1600 hinzu. Am mittleren Torbau sind noch die Öffnungen für die Ketten der Zugbrücke zu sehen und die Maske, durch deren Mundöffnung heißes Pech auf Angreifer geschüttet werden konnte. Ein sogenanntes Nadelöhr im inneren Torflügel diente als Durchlaß für eine einzelne Person, ohne daß die Wachhabenden gleich den ganzen Türflügel öffnen mußten. Bei Dunkelheit, während die Stadttore geschlossen waren, war ein Eintreten oder Verlassen ohnehin nur mit ausdrücklicher Genehmigung des Rates möglich.

Im Burggarten

Der mittlere Weg führt in Richtung auf das einzige größere Gebäude der gepflegten Parkanlage.

Auf dem weit vorspringenden Teil der Felsnase stand einst die Burg der Grafen von Rothenburg. Bis zum Jahre 1802 war trotz des Erdbebens von 1356 der alte Bergfried erhalten, doch ließ man ihn dann abtragen, so daß nur noch alte Bilder und Urkunden an die Burg erinnern. Nachdem die Familie der Grafen 1108 ausstarb, gelangten die mächtigen Hohenstaufen in den Besitz der Burg. Sie ließen im vorderen Teil des heutigen Parks eine weit größere Anlage, die "Reichsburg", errichten. In ihrem Schutz entwickelte sich im 12.-14. Jahrhundert aus einer Ansiedlung von Bediensteten und Handwerkern eine blühende Kommune. Diese hatte Anfang des 15. Jahrhunderts bei einer Ausdehnung von 400 qkm eine Gesamtbevölkerung von rund 20.000 Einwohnern, die in der Stadt und den 167 Dörfern des Kleinstaates lebten.

Das Relief im Schrein des Franziskusaltars stellt die Stigmatisation des hl. Franz von Assisi dar, geschnitzt von T.Riemenschneider. →

Herbststimmung im Burggarten.

11 Die Blasiuskapelle

Lediglich ein Gebäude der Reichsburg überstand das Erdbeben wenigstens teilweise, wahrscheinlich der Palas. Um 1400 ließ Bürgermeister Toppler die Ruine wieder aufbauen und mit Wandmalereien ausschmücken. Das "Hohe Haus der Herzöge" – wie das Gebäude auch genannt wird – dient heute als Gedächtnisstätte für die Gefallenen der beiden Weltkriege. Die massigen Buckelquader sind die letzten Zeugen der Burgenbaukunst in hochromanisch-staufischer Zeit in Rothenburg. Die Überreste der anderen Gebäude beider Burgen verwendeten die Bürger für den Bau ihrer Häuser und der Wehranlagen.

Vor der Kapelle wenden wir uns nach links und genießen von der Südseite des Gartens einen grandiosen Blick über die südliche Stadt mit dem fernen Stöberleinsturm, das Kobolzeller Kirchlein, die massige Doppelbrücke und die Wassermühlen, von denen einst 24 zu Rothenburg gehörten. In leichtem Bogen kehren wir zum Burgtor zurück, das uns wieder in die Stadt einläßt.

12 Die Franziskanerkirche

Gleich hinter dem Tor befindet sich das "Puppentheater für Erwachsene" in der **Herrngasse**.

Sie bildet die direkte Verbindung zwischen der ehemaligen Burg und dem Zentrum der Stadt, dem Marktplatz. Hier in der breite-

Franziskanerkirche:
täglich von 10.00 – 12.00 und 14.00 – 16.00 Uhr.

sten Gasse wohnten einst die höheren Bediensteten der Burg. Aus ihnen entstand im Laufe der Zeit die gehobene Klasse der Patrizier, des Stadtadels, die über Jahrhunderte die Geschicke Rothenburgs lenkte. Eines ihrer Vorrechte war auch die Abhaltung des Pferde- und Viehmarktes, was der Gasse den zweiten Namen "Herren- markt" einbrachte. Fast alle der stolzen Patrizierhäuser wenden der Straße ihre Giebelseite zu, an deren Spitze noch heute Balken her- ausragen. Mit einer Rolle versehen, dienten sie zum Heraufziehen der Vorräte in die darunter angebrachten Luken. Nach damaliger Vorschrift hatten alle Hausbesitzer für den Kriegsfall Getreide- vorräte für zwei Jahre zu "speichern".

Das schlichte Gotteshaus zur Rechten, geweiht 1309, gehörte dem "Bettelorden" der Franziskaner, die sich 1281 in Rothenburg angesiedelt hatten. Eine hölzerne Abtrennung, Lettner genannt, zwischen dem Raum für die Mönche auf der Empore und dem für die Laien ist interessanterweise erhalten geblieben und zeigt noch Bilder seiner ursprünglichen Bemalung. Bemerkenswert sind ferner die zahlreichen Grabtafeln, besonders die für Hans von Beulendorf mit Gemahlin, für Dietrich von Berlichingen, den Großvater des berühmten "Ritters mit der eisernen Faust", sowie

Die breite Herrngasse war einst bevorzugte Wohnstraße des Stadt- adels. In der Mitte der hübsche Herrnbrunnen.

Schmiedeeiserner Ausleger eines Hotels in der Herrngasse

für den Rothenburger Feldhauptmann Peter Creglinger. Der Hauptaltar enthält ein Werk Tilman Riemenschneiders aus der Zeit um 1490, die plastische Darstellung der Stigmatisation des hl. Franziskus, vor ihm einen schlafenden Mönch. Auf den Gemälden der Seitenflügel sind Märtyrerszenen dargestellt, in der Predella Maria mit dem Kind, umgeben von Betenden.

1544 löste man im Zuge der Reformation das Franziskanerkloster auf, im 19. Jahrhundert legte man viele der Gebäude nieder. Kunstvolle schmiedeeiserne Fenstergitter (1772) im Stil des Barock zieren das bemerkenswerte **Staudtsche Haus** (Nr. 18) gegenüber der Franziskanerkirche. Inschriftentafeln verkünden, daß in diesem Gebäude einst prominente Gäste wohnten: die Kaiser Karl V. und Ferdinand I., sein Bruder und Nachfolger, sowie die Gattin Gustav-Adolfs, Marie Eleonore von Brandenburg. Allemal lohnend ist eine Besichtigung des Treppenhauses mit seiner imponierenden Holztreppe und des romantischen Innenhofs, wohl des schönsten in Rothenburg. Säulen, Galerien, Erker und ein Treppenturm zeigen die ganze Palette mittelalterlicher Gestaltungsmöglichkeiten für eine "Wohnung im Freien", wie sie die Stadtadeligen bevorzugten. Das Gebäude ließ die Familie von Staudt, die es seit 4 Jahrhunderten bewohnt, nach einem Brand 1678 im alten Stil erneuern. Der Innenhof ist gegen eine Gebühr zu besichtigen. Drei weitere Patrizierhöfe sind bei den Häusern Nr. 11, 13 und 15 erhalten.

Die Wasserversorgung gehörte stets zu den Hauptproblemen der Stadt, deren geographische Lage auf der Hochebene das Graben von Tiefbrunnen fast unmöglich machte. So schuf sie im 16. Jahrhundert einen Hochbehälter, indem sie einen Kupferkessel im oberen Teil des Klingentorturms einbauen ließ. Er wurde über Zuleitungen von den benachbarten Bergrücken gespeist und versorgte die zahlreichen Röhrenbrunnen der Stadt. Zu ihnen gehörte auch der schmucke Herrnbrunnen in der Mitte dieser Gasse, welche die gediegene Wohlhabenheit ihrer Bewohner ausstrahlt.

Am Georgsbrunnen beginnt die Hofbronnengasse.

Überdachter Brunnen in der Hofbronnengasse.

13 Das Puppen- und Spielzeugmuseum

Beim Herterichsbrunnen führt die malerische Hofbronnengasse zum Puppen- und Spielzeugmuseum. Über 600 Puppen der deutschen und französischen Puppenindustrie der vergangenen 200 Jahre sind hier ausgestellt. Puppenhäuser, Puppenstuben, Puppenküchen und Kaufläden sind eingerichtet mit all den liebenswerten Dingen, die man für einen vollkommenen Puppenhaushalt benötigte. Dazu kommen Puppentheater, Eisenbahn, Blechspielzeug, Fuhrwerke, Bauernhöfe, Schulen und Karussels, handgeschnitztes Holzspielzeug sowie Tausende von liebenswerten Zubehörteilen einer längst verflossenen Kinderwelt.

Ein Rundgang durch das Museum bietet dem Besucher weit mehr als eine bloß nostalgisch angehauchte Reise in die Vergangenheit. Vielfältige kultur- und sozialgeschichtliche Aspekte sind in der Ausstellung aufgezeigt, denn die Puppenwelt der Kleinen ist ein Abbild en miniature der Welt der Großen und ergibt deshalb eine vorzügliche Quelle für die Lebensgewohnheit 1 in früherer Zeit.

Gretchen K&F
114 mit Bully
von Steiff

Zwei seltene
Charakter-
puppen →

Schule um
1900
↓

↑ Nürnberger
Küche um
1900

Blechspielzeug
um 1900
Vollbiskuit-
puppe von
Simon & Halbig
Soldat mit
Pickelhaube
von Armand
Marseille
← beide um 1900

Puppen- und Spielzeugmuseum: *März bis Dezember 9.30 – 18.00 Uhr, Januar/Februar 11.00 – 17.00 Uhr.*

Am Marktplatz beginnt die Obere Schmiedgasse, der wir in Richtung Südstadt folgen wollen. Dort fällt sogleich die reich gegliederte Renaissance-Fassade des **Baumeisterhauses** auf, erneut ein Werk des Steinmetzen Leonhard Weidmann. Voluten in Form von Drachen mildern die strenge Form des Treppengiebels. Die Fensterstützen der beiden Obergeschosse zeigen abwechselnd plastische Darstellungen der 7 Tugenden und 7 Laster wie Herzensgüte und Völlerei, Mütterlichkeit und Betrug (untere Reihe von links). Dieses wohl schönste Patrizierhaus Rothenburgs entstand 1596 für den damaligen Stadtbaumeister und demonstriert ebenso den Reichtum wie die gediegene Wohnkultur jener Zeit. Es wird heute als Café genutzt, wobei vor allem der überaus wohnliche Innenhof mit den herrlichen Holzballustraden, den Butzenfenstern und den Umgängen bewundert werden will. Der angebaute Gasthof "Zum Greifen" war um 1400 Wohnhaus und Besitz des Bürgermeisters Toppler und bereits damals Wirtshaus. Von hier aus soll der Sage nach die Frau Topplers versucht haben, einen unterirdischen Gang zum Gefängnis ihres Mannes und ihres ältesten Sohnes zu graben. Der schlichte Giebel wurde im 17. Jahrhundert erneuert.

Baumeisterhaus in der Schmiedgasse: Fensterstützen mit der Darstellung der 7 Tugenden und der 7 Laster (des Mittelalters).

*Malerischer Innenhof des Baumeisterhauses. In der warmen Jahres-
zeit nutzten die Patrizier ihre Höfe als erweiterten Wohnbereich und
gestalteten ihn liebevoll mit Ballustraden, Umgängen und Butzenfenstern.*

Alte Schmiedekunst

Das Mittelalterliche Kriminalmuseum

14 Nach rechts biegt die Burggasse ab, wohl die älteste und eine der romantischsten Gassen Rothenburgs. Ein Tauchgestell für Bäcker mit zu leichtem Brot steht am Eingang zum Kriminalmuseum, das in der ehemaligen Komturei des Johanniterordens untergebracht ist. Das einzige Rechtskundemuseum in Europa zeigt in 4 Etagen auf 2000 qm Fläche einen einzigartigen und umfassenden Einblick über 1000 Jahre Rechtsgeschichte bis hin ins 19. Jahrhundert. Mit für jedermann verständlichen Kommentaren versehen, dokumentieren Gegenstände und Schriftstücke die Art der Gerichtsverfahren und der Folter, des Strafvollzugs und der rechtlichen Volkskunde. Daneben wurden bedeutende Gesetze und Rechtsverordnungen, Medaillen und Siegel, Urkunden, Grafiken, Karikaturen und vieles mehr zusammengetragen und unter den mächtigen Holzdecken oder in den Kellergewölben des ehemaligen Stifts ausgestellt. Während die zahlreichen Folter- und Hinrichtungswerkzeuge den Besucher erschauern lassen, wird er beim Betrachten und Deuten der Schandmasken und Halsgeigen eher schmunzeln und sich die erzieherische Wirkung dieser doch recht rüden Strafen vorzustellen versuchen.

Kriminalmuseum. Kellergewölbe der ehemaligen Komturei des Johanniterstifts mit Folterinstrumenten und Werkzeugen des Strafvollzugs.

Kriminalmuseum: *April bis Oktober 9.30 – 18.00 Uhr, November bis Februar 14.00 – 16.00 Uhr, Dezember und März 10.00 – 16.00 Uhr.*

Für streitsüchtige Weiber?

Schandflöte für schlechte Musikanten.

Die Bäckertaufe wegen zu kleinen Brodes.

Strafe der Lüderlichkeit.

Schand- und
Ehrenstrafen

Der Falschspieler?

Strafe für böse Weiber.

Bestrafung eines Totenträgers.

Strafe der Zwangsarbeit.

Ehrenstrafen: Die hier verkleinert wiedergegebenen Bilder stammen aus einer um 1900 in Nürnberg herausgegebenen Postkartenserie. Wenngleich sie den Zeitgeschmack der Jahrhundertwende widerspiegeln und künstlerisch nicht von Rang sind, zeigen sie dem Betrachter doch in eindrucksvoller Weise den Vollzug von Ehrenstrafen früherer Jahrhunderte.

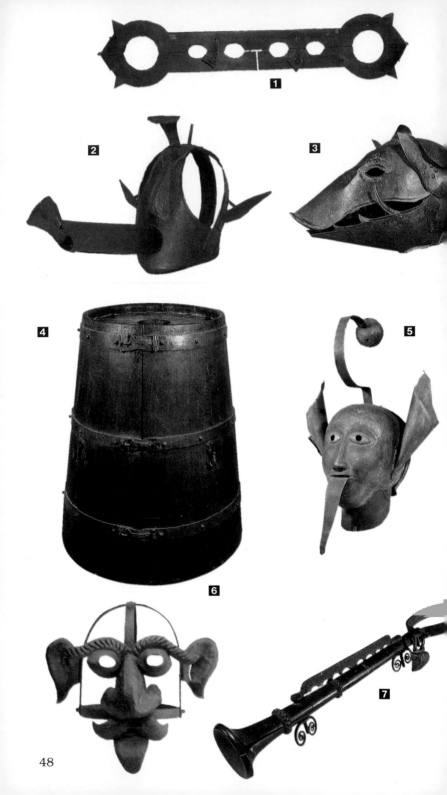

Kriminalmuseum: **1** *Doppelhalsgeige für zänkische Frauen,* **2** *Schandmaske mit Rüssel und* **3** *für Männer, die sich schweinisch benahmen,* **4** *Trinkertonne,* **5** *Schandmaske für schwatzsüchtige Frauen und* **6** *für Männer,* **7** *Schandflöte für schlechte Musikanten,* **8** *Verhörstuhl bei Hexenprozessen,* **9** *Keuschheitsgürtel,* **10** *Scharfrichtermaske,* **11** *Eiserne Jungfrau, ein Schand- und Strafmantel für sündige Frauen und Mädchen.*

49

Blick durch die obere Schmiedgasse gegen die Ratsherrntrinkstube. Kunstvolle Ausleger von Ladengeschäften und Gasthäusern beleben die Häuserfront.

15 Die St.-Johannis-Kirche

Zum Spital gehörte die angebaute Kirche (1390-1410), bei deren Bau man Teile des überflüssig gewordenen Südtors der ältesten Stadtbefestigung mit einbezog. So gehörte die Türangel an der Stirnseite der Kirche zum alten Johannitertor. Die Häuserzeile gegenüber wurde anstelle der ältesten Stadtmauer errichtet, die daran entlang führende Gasse heißt noch heute "Alter Stadtgraben".

Der Gasthof "Roter Hahn" war Wohnhaus des ehemaligen Bürgermeisters Nusch, des Helden des "Meistertrunks". Eine Gedenktafel mit lateinischer Inschrift erinnert an diese Rettungstat. Hier war am 19./20. September 1632 König Gustav-Adolf von Schweden bei Nusch zu Gast.

Plönlein und Siebersturm

16 Kunstvolle schmiedeeiserne Ausleger an Wirtshäusern und Ladengeschäften zeugen von der Tradition des Handwerks, das der Schmiedgasse ihren Namen gab. Bald stehen wir vor einer der berühmtesten Stadtansichten, der Straßengabelung am "Plönlein" (aus dem Lateinischen von "planum"= ebener Platz): Ein reizvolles schmales Fachwerkhaus mit Brunnen wird umrahmt vom Kobolzeller Tor und dem höher stehenden Siebersturm, rechts und links davon liebevoll renovierte Bürgerhäuser. Beide Tortürme entstanden bei der ersten Stadterweiterung (ab 1204). Der an seiner Außenseite mit Buckelquadern bewehrte Siebersturm bildete nun die südliche Stadteinfahrt, ehe im folgenden Jahrhundert das Spitalviertel in die Befestigung einbezogen wurde.

Der Siebersturm (13. Jh.) vom Spitalviertel (Kappenzipfel) aus gesehen.

Seite 52/53: Blick vom "Plönlein" auf den Siebersturm (links) und den Turm des Kobolzeller Tors, der die Stadteinfahrt vom Taubertal her sicherte.

17 Das Kobolzeller Tor

Gleich hinter dem Siebersturm führt ein Gäßchen mit Stufen hinunter zum Kobolzeller Tor und seiner langgestreckten, rechteckigen Bastei. Beim inneren Turm leitet uns eine Treppe zur "Steige", der steilen Straße, die aus dem Taubergrund aufsteigt. Innerhalb der Bastei kann man sich gut die Schwierigkeiten vorstellen, die man vom Wehrgang aus einem Angreifer bereiten könnte. Ein Wach- und Zollhäuschen lehnt sich an den Bogen des äußeren Tors, das von außen mit hübschen Wappen geschmückt ist. Wohl wegen des abschüssigen Geländes haben die Baumeister den Kohlturm neben die zu schützende Einfahrt gestellt. Vom inneren Torturm aus gelangt man auf den Wehrgang und den zinnengekrönten Ausguck "Teufelskanzel".

Das wappengeschmückte Vortor der Kobolzeller Bastei mit dem Kohlturm (rechts) und dem Kobolzeller Torturm, darüber der Siebersturm.

In der Roßmühle wurde das Mahlwerk durch Pferdekraft angetrieben. Sie ersetzte in Kriegszeiten die Mühlen im Taubertal.

18 Die Roßmühle

Oberhalb der Bastei führt unser Weg entlang der Stadtmauer und vorbei am Fischturm zu einem freien Platz mit den Resten einer 400jährigen Linde. Er wird beherrscht von der wuchtigen Roßmühle mit ihren hohen Strebepfeilern. Im Mittelalter waren die Bürger verpflichtet, in ihren Häuschen Getreidevorräte für 2 Jahre zu speichern, um für Not- und Kriegszeiten vorbereitet zu sein. Im Falle einer Belagerung - oder auch bei extrem niedrigem Wasserstand - konnte man jedoch nicht mit den zahlreichen Mühlen im Taubertal rechnen, so daß Rothenburg mit dem Bau dieser Stadtmühle (1516) Vorsorge für solche Fälle traf: Im Innern konnten 16 Pferde die 4 Mahlgänge eines mächtigen Göpelwerks antreiben. Das breitgelagerte Gebäude ist heute die Jugendherberge Rothenburgs. Ihr gegenüber steht eine mächtige Zehntscheuer, die früher zur Lagerung des städtischen Anteils an der Ernte der Landwirte diente.

Zwischen ihr und der Wehrmauer hindurch erreichen wir den Gebäudekomplex des Heilig-Geist-Spitals, der dem ganzen Stadtviertel seinen Namen gab: Spitalviertel, volkstümlich wegen seiner Form auch "Kappenzipfel" genannt.

*Das malerische Hegereiter-
haus inmitten des Spital-
hofs.*

*Spitalhof: Keller- und Back-
haus mit Brunnenhalle.*

19 Das Hegereiterhaus

Inmitten des Hofes und umrahmt von schmucklosen
Zweckbauten steht das liebliche Hegereiterhaus (16.
Jahrh.), wieder ein beeindruckendes Werk des Baumeisters Weidmann. Das spitze Helmdach und der schlanke, runde Treppenturm
mit seiner zierlichen Laternenhaube heben das reizvolle Bauwerk an-
genehm ab von seiner schlichten Umgebung. In seinem Erdgeschoß
war die Spitalküche eingerichtet, darüber wohnte der Verwalter der
ausgedehnten Spitalgüter. Der Name des Häuschens ist daher irre-
führend, denn der "Hegereiter" war ein Bediensteter der Reichsstadt,
der für die Dörfer und Höfe Rothenburgs verantwortlich war.
Das Spital war nach 1280 aus einer Stiftung entstanden und hatte
sich außerhalb der damaligen Stadtmauer angesiedelt. Es nahm
sich besonders der Kranken- und Armenpflege an und ließ Reisende
hier übernachten, die erst nach Einbruch der Dunkelheit an die
dann verschlossenen Stadttore gekommen waren. Zahlreiche Schen-
kungen mehrten seinen Besitz. Dieser wurde von dem großen Ge-

bäude aus verwaltet, das mit seiner Giebelseite auf das Hegereiterhaus weist. Ebenfalls von Weidmann geschaffen, diente es bis 1948 als Krankenhaus, heute ist es Seniorenheim. Links daneben steht die zierliche Kirche, die als einziger Bau aus der Gründerzeit des Spitals stammt. Im Inneren der einschiffigen Basilika finden sich kostbare Plastiken und interessante Grabdenkmäler aus dem 14. und 15. Jahrhundert sowie ein sehenswertes Sakra-menthäuschen (um 1390).

Den Abschluß des Hofes nach Norden bildet ein Gebäudekomplex mit dem "Pesthaus" – zellenartigen Isolierräumen für Patienten mit ansteckenden Krankheiten – und dem Fachwerkbau des Keller- und Backhauses. Ein harmonisches Eisengitter verschließt die ehemalige Brunnenhalle.

Wehrmauer mit Stöberleinsturm, daneben der Giebel der Reichsstadthalle.

Die Reichsstadthalle

20 In direkter Nachbarschaft des erkergeschmückten und sagenumwobenen Stöberleinsturms bildet die mächtige ehemalige Zehntscheuer (1699) des Spitals den westlichen Abschluß des Komplexes. 1975 ließ sie die Stadt zur "Reichsstadthalle" umbauen. Seitdem bietet sie allein im Großen Saal bis zu 600 Gästen Sitzplätze bei Tagungen, Kongressen und anderen Veranstaltungen in historischem Rahmen. An der Südostecke des Hofes verlassen wir, vorbei am ehemaligen Verwaltungsgebäude, das Gebiet des Heilig-Geist-Spitals und nähern uns dem südlichen Stadttor.

Blick durch das Vortor zur wehrhaften Spitalbastei, dem mächtigsten und modernsten Bollwerk Rothenburgs.

Die Spitalbastei

21 Um dieses jüngste und mächtigste Bollwerk der Stadtbefestigung gebührend würdigen zu können, empfiehlt sich sowohl eine Umrundung durch den tiefen Wallgraben als auch innerhalb der Mauern auf dem Wallgang.

Leonhard Weidmann schuf das doppelte Bollwerk in der Form einer Acht, versehen mit 7 Toren, Fallgittern und einer Zugbrücke. Über den trutzigen Buckelquadern ließ er einen von Geschützen befahrbaren Wallgang anlegen. Der Schlußstein am äußeren Torbogen trägt neben der Jahreszahl 1586 und den Initialen Weidmanns die lateinische Inschrift "Pax Intrantibus, Salus Exeuntibus", deren Übersetzung lautet: "Friede den Eintretenden, Heil den Hinausgehenden". Daneben steht ein altes Zoll- und Wachhäuschen.

Blumengarten in der Spitalgasse.

Blick vom Röderturm entlang der Stadtmauer mit dem Hohennersturm, dem zierlichen Schwefelturm und dem mächtigen Faulturm.

Ein Abenteuerspielplatz im Wallgraben gibt besonders Eltern in Begleitung ihrer Kinder Gelegenheit zur entspannenden Abwechslung, einen zweiten finden sie beim Würzburger Tor.

Der zierliche Giebel der Gerlachschmiede vor dem Rödertor, von dessen Turmstube der Besucher einen prächtigen Fernblick genießt.

Blick durch das Vortor der Röderbastei. ➜

22 Die Gerlachschmiede

Vom Torturm aus ersteigen wir den Wehrgang, der reizvolle Ausblicke durch die Schießscharten und Einblicke in verwinkelte Höfe und auf schmale Dächer bietet. Wo unser Weg jäh seine Richtung ändert, gelangen wir vom Gebiet des "Kappenzipfels" auf die Wehrmauer der ersten Stadterweiterung. In diesem Bereich war sie übrigens bei einem schweren Luftangriff 1945 stark beschädigt worden. Ihren Wiederaufbau finanzierte die Stadt überwiegend durch Spenden aus dem In- und Ausland. Auf der Wehrmauer finden sich daher in kurzen Abständen Inschriften mit den Namen der Geldgeber. Bald passieren wir den runden Faulturm. Seine enorme Höhe verdankt er dem unübersichtlichen Gelände davor, das einen hohen Ausguck notwendig machte. Der Überlieferung nach ist er unterhalb des Bodens ebenso tief und diente als letzter Aufenthaltsort für Verbrecher, deren Gebeine hier vermoderten – daher der Name.

Kurz darauf bietet sich uns der Blick auf eines der reizvollsten Fachwerkhäuser der Stadt, die **Gerlachschmiede.** Über dem offenen Vorplatz erhebt sich ein zierlicher, schlanker Giebel mit hübschen Fenstern und bunten Wappentafel.

23 Das Rödertor

Beim nächsten Torturm, dem Rödertor, verlassen wir den Wehrgang und umrunden die Bastei. Das Vortor flankieren zwei hübsche, spitzbehelmte Zoll- und Wachhäuschen, nach außen und innen mit Schießscharten versehen. Eine steinerne Brücke führte über einen mauerumschlossenen Graben zum äußeren Tor der rechteckigen Bastei mit umlaufendem Wehrgang. Durch das innere Tor gelangte man auf die Brücke über dem Stadtgraben, deren stadtseitige Hälfte als Zugbrücke konstruiert war und im Verteidigungsfall das Tor des Vorwerks verstärkte. Mit diesem war der Zwinger direkt vor dem inneren Stadttor überbaut,

und seine Streichtürme ermöglichten eine wirkungsvolle Bekämpfung der Angreifer, die bis in die Zwingeranlage vorgedrungen waren. Der Hauptturm (13. Jahrh.) schließlich stellt – bis auf das später aufgesetzte Fachwerkgeschoß – den ältesten Teil dieser interessanten Toranlage dar. Er ist zu besteigen und bietet einen schönen Rundblick über die westliche Wehranlage und die Dächer der Altstadt. In der Turmstube ist eine Sammlung von Dokumenten und Bildern von 1945 ausgestellt, als die Stadt besonders in diesem Bereich übel zerstört wurde.

Ausblick vom Röderturm über die Dächerlandschaft der Stadt.

Blumenschmuck am Röderbrunnen. Zwischen den hübschen Fachwerkfassaden der Röderbogen mit dem mächtigen Markusturm.

24 Markusturm und Röderbogen

Wir folgen nun der Rödergasse stadteinwärts. Die hübschen Bürgerhäuser und der romantische Röderbrunnen bilden zusammen mit dem Röderbogen und dem mächtigen Walmdach des Markusturmes ein überwältigendes Ensemble. Die beiden Wehrbauten stammen aus dem 12. Jahrhundert und waren Teil der ersten Stadtbefestigung.

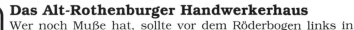

Das Alt-Rothenburger Handwerkerhaus

25 Wer noch Muße hat, sollte vor dem Röderbogen links in den Alten Stadtgraben einbiegen und hier das Alt-Rothenburger Handwerkerhaus, Nr. 26, besichtigen. Ende des 13. Jahrhunderts erbaut, diente es im Laufe von 700 Jahren den verschiedensten Handwerkern als Wohnung. Nachgewiesen sind Büttner, Schwarzfärber, Weber, Schuhmacher, Kesselflicker, Töpfer, Korbmacher, Seifensieder, Pflasterer, Zinngießer und Maurer. Lange Jahre war das Häuschen von einem Einsiedler bewohnt, der sich der modernen Welt - mit Wasserleitung und Stromanschluß - widersetzte. Auf diese Weise blieb ein Juwel mittelalterlicher Bausubstanz fast unverändert erhalten. Elf Räume und Kämmerchen mit niedrigen Decken sind im Stil vergangener Jahrhunderte eingerichtet, so die Gesellenkammer mit der originellen Schlafstatt, die Küche mit der offenen Feuerstelle und die Wohnstube, deren ungleichmäßige Kacheln auf einer Töpferscheibe im 14. Jahrhundert entstanden. Noch heute könnte der 14 m tiefe Brunnen im Innern dieses Hauses das Wasser für seine Bewohner liefern.

Durch den Röderbogen mit seinem lanzenförmigen Turmaufbau betreten wir das älteste Stadtgebiet. An den wuchtigen Markusturm lehnt sich das Büttelhaus mit seinen vergitterten Fenstern. Es wurde bis ins 18. Jahrhundert als Stadtgefängnis benutzt und ist heute Stadtarchiv.

Handwerkerhaus:
Schuhmacherwerkstatt.

Schlafstube und Kinderzimmer

Handwerkerhaus: *April bis Oktober 9.00 – 18.00 Uhr;* *Wintermärchen täglich.*

Der Weiße Turm

An der Frontseite des Büttelhauses entlang folgen wir dem Verlauf der 1. Stadtmauer über den Milchmarkt zum Kapellenplatz mit dem Seelbrunnen. Daneben stand bis 1804 die Marienkapelle, bis zum Ende des 14. Jahrhunderts Synagoge der mit etwa 500 Mitgliedern recht großen Judengemeinde der Stadt. Hier wirkte der berühmte und einflußreiche Rabbi Meir ben Baruch (um 1215-1293). Mit der Umwandlung ihrer Synagoge wurden die jüdischen Mitbürger aus ihrem Wohnviertel kurzerhand in die außerhalb des inneren Mauerrings gelegene "Judengasse" umquartiert. Im Bereich des Schrannenplatzes entstand nahe ihrem

Der Markusturm mit dem Röderbogen und dem Büttelhaus, dem ehemaligen Stadtgefängnis.

Weißer Turm und hübsche Hotelfassade in der Georgengasse.

Friedhof eine neue Synagoge, ehe sie 1520 ganz aus Rothenburg vertrieben wurden. Friedhof und Synagoge wurden später eingeebnet, so daß nur das "Judentanzhaus" neben dem Weißen Turm an ihre Gemeinde erinnert. Einst geselliger Mittelpunkt dieser verfolgten Minderheit, diente es später der Stadt als Elendsherberge oder "Seelhaus". Die Außenseite des harmonischen Fachwerkbaus schmückt ein hübscher Eckerker. Der kurze Weg vom Weißen Turm durch die Georgengasse zum Marktplatz macht uns nochmals deutlich, wie eng die erste Stadtummauerung gewesen war.

Auf den Spuren der ältesten Stadtmauer

Für diesen interessanten Weg von etwa 1,4 km benötigen wir ca. eine halbe Stunde. Er folgt in etwa dem Verlauf der ältesten Stadtbefestigung. Wir beginnen ihn am inneren Burgtor, wo die Burggasse links von der Herrengasse abzweigt. An der Stadtmauer knickt die Burggasse wiederum nach links ab. Sie hieß früher "Zur Höll", weil sie teilweise vom Franziskanerkloster (12) überbaut und entsprechend dunkel war. Das Haus Burggasse 8 nennt sich noch heute "Zur Höll" und dürfte das älteste Wohngebäude Rothenburgs sein. Bei der Johanniskirche (15) mündet die romantische Gasse in die Schmiedgasse ein, der wir kurz nach rechts folgen. Die Häuserzeile links am "Alten Stadtgraben" entstand im 13. Jahrhundert,

Galgengasse: Weißer Turm mit malerischem Erker des Judentanzhauses.

als die älteste Stadtmauer überflüssig geworden war. Die Stadt verkaufte sie einschließlich der Grundstücke an Bauwillige, so daß der halbkreisförmige Verlauf bis heute erhalten blieb. Vorbei am Alt-Rothenburger Handwerkerhaus (25) treffen wir an der Rödergasse auf das erste erhaltene Stadttor, den Röderbogen (24). Er wurde vom massigen Markusturm geschützt, der – ähnlich wie der Kohlturm am Kobolzeller Tor – aus Sicherheitsgründen neben dem Stadttor errichtet wurde. Ebenso erhalten blieb der Weiße Turm (26), ehemals Ausfahrt in Richtung Würzburg. Das angebaute sogenannte "Judentanzhaus" war im Mittelalter Zentrum der ortsansässigen jüdischen Gemeinde und enthält – an der Innenseite seiner Gartenmauer eingelassen – Grabsteine von Gemeindemitgliedern. Hier beginnt die Judengasse, wohin die ungeliebten Mitbürger Ende des 14. Jahrhunderts umziehen mußten, ehe sie 1520 endgültig aus Rothenburg vertrieben wurden.

↑ *Innenhof des Klosters.*

Verträumter Blick durch den herbstlichen Wald auf das Topplerschlößchen im Taubertal. ➤

An der Klingengasse biegen wir in Richtung Jakobskirche ab, um nach wenigen Metern die Richtung auf das Reichsstadtmuseum (7) zu nehmen. Wir überqueren seinen Vorhof diagonal und betreten den sehenswerten Klostergarten am südlichen Ende des vorderen Gebäudes. Der Stadtmauer folgend, erreichen wir nach wenigen Minuten den Ausgangspunkt des Spazierwegs.

Ein Rundgang um die Befestigungsanlagen

Dieser Fußweg führt teils innerhalb, teils außerhalb der Mauer um die 3,4 km lange mittelalterliche Stadtbefestigung und dauert reichlich eine Stunde. Beginnen wir den Rundgang mit Burggarten (10), so verlassen wir diesen durch eine Maueröffnung bei der Blasiuskapelle (11) und folgen dem ebenen Weg entlang der turmge-

spickten Stadtmauer nach Süden. Zwischen der ältesten Stadtmauer – bis zur Abwinkelung am ehemaligen Johanniterkloster – und dem Flüßchen verlaufend, bietet er nach beiden Seiten reizvolle Ausblicke und wird treffend "Tauber-Riviera" genannt. Am Kobolzeller Tor (17) überqueren wir die Fahrstraße und gehen nun entlang der Wehrmauer des Spitalviertels. Am hübschen Stöberleinsturm – zu erkennen an den vier romantischen Eckerkern – beginnt der massige Bau der ehemaligen Zehntscheuer, die heute als Reichsstadthalle (20) dient. Vorbei am Sauturm, der etwas abseits der Mauer steht, erreichen wir an der Spitalbastei (21) den südlichsten Punkt der Stadtbefestigung. Ein Mauerdurchbruch kurz vor dem nächsten Turm, dem "Kleinen Stern", ermöglicht uns den Marsch innerhalb der Befestigung, ehe wir diese in Höhe des Siebersturms (16) über eine Fahrstraße erneut verlassen. Gleichzeitig endet hier die Ummauerung der 2. Stadterweiterung (14. Jh.), des

Spitalbastei: Den mächtigen Wallgang bestückte die Stadt bei Kriegsgefahr mit fahrbaren Geschützen. Dahinter das Spitaltor.

"Kappenzipfels". Bis zur Röderbastei (23) wandern wir außerhalb der Stadtmauer entlang, deren Hauptbollwerke die Tortürme mit ihren vorgesetzten Wehranlagen bildeten. War, wie in diesem Gebiet, der Abstand zwischen den Stadttoren recht groß und zudem das Gelände für eine wirksame Verteidigung ungünstig, so erbaute man starke Wehrtürme wie den mächtigen Faulturm. Zwischen ihm und dem Rödertor entstanden der zierliche runde Schwefelturm und der weit stärkere Hohennersturm, der schon im Bereich der Zwingeranlage der Röderbastei liegt. Die Abstände der Türme zueinander waren nach der Reichweite der Armbrüste berechnet, vor der Erfindung der Feuerwaffen das wirksamste Verteidigungsinstrument.

Ab dem Rödertor verbleiben wir bis zum Klingentor innerhalb der Mauer. Zwischen diesen beiden Basteien ist das Würzburger Tor leider weniger vollständig erhalten. Außerhalb waren auf dem

Die wehrhafte Röderbastei präsentiert sich im romantischen Abendlicht.

"Köpfenwieslein" die Richtstätte und der Galgen, was diesem Stadttor den zweiten Namen "Galgentor" (27) einbrachte, ebenso der ein-
mündenden "Galgengasse". Als Symbol der Rechtshoheit einer
Freien Reichsstadt stand dieses Hinrichtungsinstrument hier bis
zum Beginn des 19. Jahrhunderts, als die Stadt Bayern eingeglie-
dert wurde.

Galgentor (Würzburger Tor) mit Vorwerk.

Hier gegen die Hochfläche war die Festung bei Angriffen naturgemäß am stärksten gefährdet, und tatsächlich zogen Tilly (1631) und Turenne (1645) während des 30jährigen Krieges an dieser Stelle in die Stadt. Erbaut nach der ersten Stadterweiterung (13. Jahrh.), war der Torturm im folgenden Jahrhundert durch Feuer zerstört und neu erbaut worden. Nach 1600 sicherte man ihn durch die Anlage eines Vorwerks, eines Zwingers, eines breiten Grabens und eines Walls, verbunden mit einer Zugbrücke. In Höhe des Walls legte man in den Folgejahren eine Bastei wiederum mit Zwinger und Vortor an, so daß insgesamt 5 Tore dem etwaigen Feind entgegenstanden. Die steinerne Brücke zwischen Vortor und Bastei konnte im Verteidigungsfall gesprengt werden. Durch die Einwirkungen des 30jährigen Krieges waren die Anlagen jedoch stark beschädigt, so daß man sie im 19. Jahrhundert abbrechen ließ. So ist heute lediglich der alte Torturm erhalten samt seinem Vorwerk, der nur noch wenig von der einstigen Wehrkraft erahnen läßt.

Herbstidylle an der Klingenbastei.

Das ehemalige Dorf Detwang im Taubertal ist älter als Rothenburg. ➜

Der Name des nächsten Turms "Kummereck" sagt einiges über die Nöte der Stadtsoldaten an dieser Seite des Abwehrgürtels. Es folgen der Henkers- und der Pulverturm. Vor diesem erstreckt sich der Schrannenplatz, der Getreidemarkt, wo bis zu ihrer Vertreibung im Jahre 1520 die Juden ihren Friedhof und ihre Synagoge hatten.

Zum letzten Mal auf diesem Rundgang verlassen wir das Stadtgebiet am Klingentor (8). Wir folgen dem Fußweg, der innerhalb der ehemaligen Bastei beginnt und zunächst zum Strafturm führt. Rechts biegt hier der Fußweg nach Detwang ab (1,2 km). Wir jedoch spazieren unterhalb der Stadtmauer, vorbei am Klosterturm und am Bettelvogtsturm, zum Burggarten zurück.

Eine Wanderung durch das Taubertal

Dieser Rundgang beinhaltet die wichtigsten Sehenswürdigkeiten Rothenburgs außerhalb der Stadtmauern: die Pfarrkirche im Stadtteil Detwang, das Topplerschlößchen und die Doppelbrücke mit der Kobolzeller Kirche. Er ist etwa 4 km lang, so daß wir eine gute Stunde allein für den Weg einkalkulieren müssen. Vom Strafturm nahe dem Klingentor führt der Wanderweg zunächst steil hinab ins Tal, wo wir nach wenigen Minuten die romanische Pfarrkirche in Detwang (31) erreichen. Das ehemalige Dorf samt seiner Pfarrei ist älter als Rothenburg. Sein Gotteshaus entstand um 1170, doch wurde es im Innern in gotischem Stil verändert. Die Fi-

gurengruppe im schlichten Schrein des Hauptaltars zeigt Jesus am Kreuz, links die trauernde Mariengruppe mit Johannes, rechts einen Priester und Soldaten. Sie ist ein Werk Tilman Riemenschneiders, der sie für die Michaelskapelle in Rothenburg geschnitzt hatte. Die Flügelreliefs stammen aus der Werkstatt des Künstlers, nicht aber von ihm selbst. Sehenswert sind ferner ein Reliquienkreuz aus ottonischer Zeit, das gotische Sakramentshäuschen und die achteckige Totenleuchte.

Pfarrkirche in Detwang: Blick gegen den Ostchor mit dem Kreuzaltar und auf die spätgotischen Seitenaltäre.

Wir wandern eine kurze Strecke zurück, überqueren die Tauber und benutzen den Wanderweg am Flüßchen entlang. Zahlreiche Mühlen sind noch erhalten, die einst Rothenburg mit Mehl versorgten. Von ganz anderem Stil ist dagegen das Topplerschlößchen (30), 1388 in der Art eines romanischen Wohnturmes erbaut, wie

Pfarrkirche Detwang: *April/Mai und 15. September – Oktober 8.30 – 12.00, 13.30 – 17.00 Uhr, Juni – 14. September 8.30 – 12.00, 13.30 – 18.00 Uhr, November bis März Di – So 10.00 – 12.00, 14.00 – 16.00 Uhr.* **Topplerschlößchen:** *Freitag, Samstag und Sonntag 13.00 – 16.00 Uhr, November geschlossen.*

Kreuzaltar: Die Mittelgruppe mit dem Gekreuzigten, der Marien-gruppe und dem Hohenpriester mit Soldaten stammt von Tilman Riemenschneider.

Schlafender Wächter am Grab Jesu.
Ruhende Jünger auf dem Ölberg. ➤

↑ *Topplerschlößchen: wasser-*
schloßartiger Wohnturm des
berühmten Bürgermeisters
im Taubertal.

Doppelbrücke mit der Stadt-
silhouette im Hintergrund. ➤

er um die Jahrhundertwende üblich gewesen war. Bauherr war der berühmte Bürgermeister Heinrich Toppler, der das Gebäude als Sommersitz nutzte und als stillen Ort für politische Gespräche. Hier soll Toppler des öfteren den umstrittenen König Wenzel empfangen haben, den er auch nach dessen Absetzung im Jahr 1400 noch unterstützte, was den Rothenburger schließlich zu Fall brachte. Das wappengeschmückte Gebäude ist vollständig erhalten und mit Möbeln aus der Zeit des 16.-19. Jahrhunderts eingerichtet. Besonders ursprünglich wirkt die rustikale Küche.

Bei der Wanderung entlang den Schleifen der Tauber ergeben sich immer wieder reizvolle Ausblicke auf die turmbewehrte Altstadt mit dem 60 m hohen Rathausturm im Zentrum. Von ihm aus hatte der Türmer einen famosen Rundblick über die Stadt, um möglichst rechtzeitig einen Feuerausbruch oder die Annäherung eines Feindes melden zu können. Ein besonders schönes Motiv ergibt sich mit der massigen Doppelbrücke (28) im Vordergrund. Diese bestand in ähnlicher Form bereits etwa 1330, war jedoch im Mittelalter befestigt und bildete so ein Vorwerk für die Stadttore.

Ganz in der Nähe lugt das Dach der turmlosen Kobolzeller Kirche (29) aus dem Grün der Bäume. Sie entstand 1472-1501 in spätgotischem Stil und war durch zahlreiche Stiftungen ansprechend ausgestattet, als während des Bauernkrieges aufgehetzte Müller sich als "Bilderstürmer" betätigten. Die gesamte Einrichtung ging dabei verloren. In den folgenden Jahrhunderten diente sie als Lagerhalle, ehe sie 1864 wieder in den Dienst der Kirche gestellt wurde. Unser Rundgang führt über die "Steige" durch das Kobolzeller Tor oder den Durchgang bei der Johanniskirche zurück in die Altstadt.

Von den vielen Wandermöglichkeiten rund um die Reichsstadt sei noch ein Ausflug auf die "Engelsburg" empfohlen, ca. 1,5 km oberhalb der Doppelbrücke gelegen. Von diesem kahlen Berg aus schuf Merian 1648 seine berühmte Stadtansicht mit der Tauber und der Brücke im Vordergrund. Dort oben finden sich auch noch Reste des Ringwalls der Kelten, die zu Beginn unserer Zeitrechnung eine Fliehburg zum Schutz gegen die nachrückenden Germanen errichtet hatten.

Festprogramme

Ostern

Zu dieser Jahreszeit beginnt in Rothenburg die Saison der historischen Aufführungen: Die Hans-Sachs-Spieler und die Tänzer der Schäfergilde treten am Ostersonntag zum ersten Mal auf. Für musikalische Unterhaltung sorgt ein Standkonzert auf dem Marktplatz. Auch das Figurentheater am Burgtor öffnet im April seine Pforte.

Pfingsten

Bereits am Freitag vor Pfingsten eröffnen gegen Abend Böllerschüsse die Pfingstfestspiele, kommt der historische "Meistertrunk" erstmals zur Aufführung, weitere Vorstellungen folgen bis Montag. Samstag nachmittags musizieren Spielleute, ein Chor in historischen Kostümen singt Landsknechtslieder, am Abend treten die Hans-Sachs-Spieler auf. Am Sonntag bestimmen Aufführungen des Festspiels und des Schäfertanzes den Tagesablauf der zahlreichen Darsteller. Gegen Abend folgt ein Burgkonzert in historischen Kostümen im Burggarten, später ein Orchesterkonzert in der Jakobskirche und die Hans-Sachs-Spiele. Die Festspiele gipfeln am Montag, an dem bereits um 6 Uhr früh der Spielmannszug in der Altstadt zum Wecken bläst. Eine Stunde später sammeln sich historisch gekleidete Truppen auf dem Marktplatz und ziehen später durch die Straßen Alt-Rothenburgs. Ab 15 Uhr zieht ein gewaltiger Heereszug, scheinbar aus der Zeit des 30jährigen Krieges, durch die Stadt, ehe er sich am Würzburger Tor zu einem riesigen historischen Feldlager versammelt. Gegen 19.30 Uhr schließlich marschieren die Truppen nochmals auf dem Marktplatz ein. Während dieser Zeit hat ein Großteil der Bevölkerung Rothenburgs in historischen Kostümen die Zeit des 30jährigen Krieges wieder lebendig werden lassen.

Reichsstadt-Festtage

Am 2. Wochenende des September fühlt sich der Besucher Alt-Rothenburgs nochmals in das Mittelalter zurückversetzt. In einem Fackelzug marschieren die Historiengruppen am Freitag abend zum Marktplatz, wo sie vom Stadtoberhaupt begrüßt und vorgestellt werden. Am Samstag (ab 14 Uhr) und Sonntag (ab 10 Uhr) stellen die Bürger in den Gassen und auf den Plätzen der Altstadt Szenen aus Rothenburgs Vergangenheit dar. Erstaunt bewundert der Gast die historischen Kostüme und Ausrüstungsgegenstände aus 7 Jahrhunderten: die Ritterschar des Jahres 1274, die aufständischen Bauern von 1525 und den Viehhändler des 19. Jahrhunderts. An die Beschießung der Stadt und ihre brennenden Häuser erinnert ein Großfeuerwerk mit bengalischer Beleuchtung in den Abendstunden des Samstags. Am Sonntag werden wieder

"Meistertrunk" und Schäfertanz dargeboten, ehe sich am späten Nachmittag alle Historiengruppen zur Schlußkundgebung auf dem Marktplatz versammeln.

Reichsstadt-
Festtage:
Gerichtsszene.

Mittelalterliche
Ratsherren.

Feldlager wie zur Zeit
Gustav-Adolfs.

Historische Veranstaltungen

"Der Meistertrunk"

Der Rothenburger Handwerker und Volksdichter Adam Hörber schrieb im vorigen Jahrhundert das volkstümliche Heimatspiel, dessen Aufführung die Stadt auf eine Stufe mit dem berühmten Oberammergau stellt. Am Kirchweihtag 1881 fand die Uraufführung statt, in dem Jahr, als sich die Schreckenstage aus der Zeit des 30jährigen Krieges zum 250. Mal jährten. Seitdem wird das Spiel jedes Jahr aufgeführt, die Zahl der Vorstellungen ist wegen der großen Nachfrage stetig angestiegen. Ein großer Teil der einheimischen Bevölkerung ist beim Festspiel oder einer anderen historischen Aufführung direkt oder indirekt beteiligt. Nachdem sich die Vorstellungen in früheren Jahren auf die Pfingsttage beschränkt hatten, kommen sie heute daneben auch je am 2. Sonntag des Juli und September im Kaisersaal des Rathauses zur Auf-

Historisches Festspiel "Meistertrunk": Der Kellermeister überreicht Tilly den Pokal mit dem Begrüßungstrunk.

führung. Das Stück hat die Geschehnisse des 29./30. Oktober 1631 zum Inhalt, samt der Legende, die sich um sie rankte:
König Gustav-Adolf von Schweden hat wenige Tage zuvor die überwiegend protestantische Stadt verlassen, die sich ihm verbunden fühlt. Lediglich eine kleine Garnison hat er zurückgelassen. Nun erscheint der kaiserliche Feldherr Tilly, Befehlshaber der katholi-

schen "Liga", mit dem Hauptteil seiner Truppen vor den Mauern und verlangt Einlaß und Winterquartier. Die Ratsherren beschließen, sich mit aller Kraft zu wehren. Selbst die "Junge Schar", das letzte Aufgebot der Rothenburger, wird auf die Wehrmauern geschickt, die Hilfe der himmlischen Mächte angefleht. Hoffnung und Jubel machen sich noch einmal breit, als Boten melden, aus großer Entfernung seien Truppen im Anmarsch. Es sind jedoch nicht die Soldaten Gustav-Adolfs, sondern weitere Verstärkung Tillys. Dennoch wehren sich die Rothenburger einen Tag lang heldenhaft gegen die Übermacht. Ein feindlicher Truppenteil, der bereits in die Stadt eingedrungen ist, wird hinter die Mauern zurückgedrängt. Doch dann folgt die Hiobsbotschaft: Der Pulverturm mit seinen Vorräten ist explodiert und hat auch die benachbarte Klingenbastei teilweise zerstört. Dadurch ist weiterer Widerstand zwecklos, am Galgentor hißt man die weiße Fahne der Kapitulation. Kurze Zeit später stürmen Tilly und seine Begleiter in den Saal, wütend über den erbitterten Widerstand. Dafür sollen vier der Ratsherren hingerichtet werden. Da sie sich weigern zu losen, sollen alle sterben. Selbst die Nichte des Bürgermeisters Bezold kann mit ihrem Flehen und dem Weinen ihrer beiden Kinder das Herz des Feldherrn nicht erweichen. Bezold wird fortgeschickt, den Henker herbeizuholen. Währenddessen bietet die Tochter des Kellermeisters Getränke an, ihr Vater lobt seinen Wein. Ratsherr Winterbach bringt den mächtigen Humpen zum Willkommenstrunk, der bei Tilly und seinem Gefolge mehrmals die Runde macht. Der Feldherr bewundert das riesige Trinkgefäß, das 13 Schoppen (3 1/4 l) faßt, und erklärt in etwas gelöster Stimmung, er werde nur dann Gnade gewähren, wenn einer der hier Anwesenden den gefüllten Humpen in einem Zug leerte. Altbürgermeister Nusch erklärte sich nach einigem Zögern bereit, den Trunk zu wagen, und es gelingt ihm vor den staunenden Augen der Umstehenden. Tilly hält sein Versprechen, das Volk jubelt und stimmt ein Dankeslied an, das die Aufführung ausklingen läßt.

Der Schäfertanz

Im Mittelalter spielten die Schäferei und der Wollhandel eine große Rolle im Leben der Stadt und ihrer Dörfer. 1517 erhielt die einheimische Schäfergilde das Recht, einmal jährlich einen "Schäfertag" mit Musik und Tanz zu feiern. Eine Sage aus jener Zeit berichtet, die Schäfer hätten durch ihren Tanz die Pest aus Rothenburg verbannt. Eine andere Überlieferung erzählt von einem Schatz, den ein Schäfer durch einen wundersamen Traum entdeckte, aus Freude darüber tanzten die Schäfer. Jeweils am Oster- und Pfingstsonntag sowie mehrmals in den Sommermonaten treten die farbenprächtigen Tanzpaare auf dem Marktplatz auf, um an diesen Brauch zu erinnern. Weitere Informationen darüber findet der Interessierte im Schäfertanzkabinett, das in der Wachstube bei der Wolfgangs- oder Schäferkirche eingerichtet ist.

Aufführung des historischen Schäfertanzes auf dem Marktplatz vor einer großen Zuschauerkulisse.

Szene aus einem der Schwänke des fränkischen Schusterpoeten Hans Sachs, eines der Nürnberger Meistersinger.

Die Hans-Sachs-Spiele

Hans Sachs, geboren am 5.11.1494, lebte in seiner Heimatstadt Nürnberg als Schuster und "Meistersinger". Seine mehr als eine halbe Million Verse, darunter 208 Theaterstücke, machten den "Schusterpoeten" berühmt. Seit 1921 werden die besten seiner urwüchsigen Schwänke von den Rothenburger Hans-Sachs-Spielern aufgeführt. Der verschmitzte fränkische Humor, die munteren Weisen des Schusterpoeten, die originalgetreuen Kostüme aus der Meistersingerzeit und der historische Kaisersaal des Rathauses als Rahmen lassen die Aufführungen zu einem Genuß für Augen, Ohren und Seele werden. Keines der Festprogramme der Stadt verzichtet auf diese Spiele, die neben Ostern, Pfingsten, jedem 2. Wochenende im Juli (Festliche Sommertage) und September (Reichsstadt-Festtage), im Weihnachtsprogramm sowie an vielen anderen Wochenenden von Mai bis Oktober aufgeführt werden.

Das Figurentheater am Burgtor

Kurzspiele voller Scherz, Satire und Ironie bringt der Lustigmacher Heinz Köhler in seinem Kabarett mit Puppen. Freunde kultivierter Kleinkunst können sich nachmittags oder abends 90 Minuten lang an einem humorigen Programm erfreuen, das dennoch oft voll tiefer Bedeutung steckt. Das Figurentheater am Burgtor ist von April bis Oktober sowie im Dezember täglich außer Sonntag geöffnet.

Der romantische Weihnachtsmarkt vor der imposanten Kulisse der St.-Jakobs-Kirche.

Wintermärchen

Zu Beginn der Adventszeit verwandelt sich die Stadt in einen großen Weihnachtsmarkt. Wo andernorts gleißende Lichterketten das Auge blenden, breitet sich eine zauberhafte Atmosphäre über die mittelalterliche Stadt. Der "Reiterlesmarkt" rund um das Rathaus ist ein Erlebnis besonderer Art: Hier werden Spielzeug, Christbaumschmuck und Rauschgoldengel angeboten, es duftet nach Glühwein und fränkischer Bratwurst. Auf dem Markt regiert das "Reiterle", die Verkörperung alten Brauchtums. Stellt sich zur Weihnachtszeit auch noch der Schnee ein, so ist das "Wintermärchen" Wirklichkeit. Orgel– und Bläserkonzerte, Postkutschenfahrten und der Lichterzug der Kinder, das Auftreten der Sternsinger und Pelzmärtl lassen bei den Gästen keine Langeweile aufkommen. Hin und wieder ziehen Nachtwächter durch die Straßen, lassen das Horn erklingen und verkünden laut die Stunden. Von Weihnachten bis in die ersten Tage des neuen Jahres bieten Stadt und Hotels ein umfangreiches Veranstaltungsprogramm mit Konzerten, Wanderungen und Sonderaufführungen mit stimmungsvoller Abendunterhaltung und glänzenden Silvesterbällen, einer Aufführung der Hans-Sachs-Spiele und sogar einem "Skispringen um den Meistertrunkhumpen".

← *Kobolzeller Tor*

Rothenburg im Winter

↓ *Markusturm*   *Rödertor*

Am Plönlein ↑

Am Marktplatz

Gerlachschmiede ➜

Information

Wissenswertes

Polizei-Notruf (Unfall, Überfall): ☎ 1 10

Feuer: ☎ 1 12

Erste Hilfe: Krankenwagen – Bayer.
Rotes Kreuz, Schweinsdorferstr.: ☎ 1 92 22

**Auskunft, Zimmernachweis,
Veranstaltungen: Rothenburger
Tourismus Service – Tourist Office**
Marktplatz 2, 91541 Rothenburg o. d. T
☎ (0 98 61) 404-92
Telefax (0 98 61) 8 68 07
http://www.rothenburg.de
E-Mail: info@rothenburg.de
Montag-Freitag (Mon-Fri) 9.00-12.30 Uhr,
13.00-17.00 Uhr;
Samstag (Sat) 10.00-13.00 Uhr

Angeln: Bezirks-Fischereiverein
(Herr Bilderl), ☎ (0 98 61) 33 01

Ballonfahrten: Happy Ballooning
☎ (0 98 61) 8 78 88

Bücherei, Leseraum: Klingengasse 8,
☎ (0 98 61) 4 04-58, mittwochs geschlossen

Bahnauskunft: Bahnhof
☎ (0 98 61) 77 11

Campingplätze: Tauberidyll Detwang,
☎ (0 98 61) 31 77 und Tauberromantik
Detwang, ☎ (0 98 61) 61 91

Farradvermietung: Rad + Tat,
Bensenstr., ☎ (0 98 61) 8 79 84
„Herrmann Hat's"
Galgengasse 33, ☎ (0 98 61) 61 11

Flugplatz, Stadtrundflüge: Aero-Club,
Bauerngraben, ☎ (0 98 61) 74 74

Frankenfreizeit: Ozon-Hallenbad (Mitte
September bis Mitte Mai) und beheiztes
Freibad (Mitte Mai bis Mitte September),
☎ (0 98 61) 45 65; Sauna und Massagen,
☎ (0 98 61) 56 66; Restaurant mit großer
Terrasse, Kegelbahn, ☎ (0 98 61) 39 71;
Nördlinger Straße (Romantische Straße)

Fundbüro: Rathaus-Arkaden, Eingang ganz
links, ☎ (0 98 61) 4 04-56

Geldwechsel: Bei allen Banken und
Sparkassen,
Hotel Tilmann Riemenschneider,
Georgengasse 11-13

Gottesdienste: Katholisch: Sonntag
8.30, 10.30 Uhr, St. Johannskirche;
Protestantisch: Sonntag 7.30, 9.30 Uhr
St. Jakobuskirche.

Hallenbad: siehe Frankenfreizeit

Jugendherbergen: Roßmühle, Mühlacker 1,
☎ (0 98 61) 9 41 60

Kino: Kapellenplatz. Lichtspiele,
Kapellenplatz 14, ☎ (0 98 61) 46 58

Krankenhaus: Ansbacher Straße 131,
☎ (0 98 61) 70 70

Kutschfahrten: Halb- und Ganztagesaus-
flüge, Auskunft beim Rothenburger Tourist
Service

Museen: Reichstadtmuseum Mittelalter-
liches Kriminalmuseum, Alt-Rothenburger
Handwerkerhaus, Topplerschlößchen,
Historiengewölbe, Puppen- und Spielzeug-
museum, Bäuerliches Museum, Miniworld.
Öffnungszeiten der Museen siehe Textteil.

Polizei: ☎ (0 98 61) 97 10

Postämter: Milchmarkt 5, Bahnhofstraße 7

Reichsstadthalle: Großer Saal bis 600
Plätze, kleiner Saal, Parkplätze Spitalhof,
☎ (0 98 61) 4 04-62

Reisebüro: Am Bahnhof, ☎ (0 98 61) 46 11,
Reisebüro Haberecker, Wenggasse 1,
☎ (0 98 61) 94 84-0
City Reisebüro, Galgengasse,
☎ (0 98 61) 9 44 60

Reiten: Reitstall am Schwanensee (3 km),
☎ (0 98 61) 32 62

Sauna: siehe Frankenfreizeit

Schießen: Kleinkaliber, Luftgewehr,
Pistolen. Für Gäste donnerstags
20.00 - 22.00 Uhr. Schützengilde,
Paul-Finkler-Straße, ☎ (0 98 61) 32 77

Schwimmen: siehe Frankenfreizeit

Stadtarchiv: Milchmarkt 2,
☎ (0 98 61) 4 04-29

Taxi: ☎ (0 98 61) 23 92, 44 05, 72 72, 9 51 00

Tennis: An Mitte April täglich 8.00 - 12.00
Uhr, 14.00 - 17.00 Uhr, Tennis-Club-Anlage,
Am Philosophenweg, ☎ (0 98 61) 78 93

Wandern: Markierte Rundwanderwege
durch das Taubertal über die
Engelsburghöhe (Merian-Panorama mit
Blick über Taubertal und Stadt) und im
Waldgebiet Frankenhöhe.

Wanderkarte: beim Verkehrsamt.

Waschsalon: Johannitergasse 9,
Mo-Fr 8.00-18.00 Uhr, ☎ (0 98 61) 27 75

Stichwortverzeichnis

Erläuterungen zu den Stadtplänen

Fuchsmühle

Hansrödermühle

Täuberrivie

Tauber

Lucas Rödermühle

Herrenmühle

Steinmühle

Mühlacker

Richtung Langenburg

Spita

WC

Fried

WC

Kinderspielplatz

Spitaltor

B 25, Romantische Straße
Dinkelsbühl – Augsburg

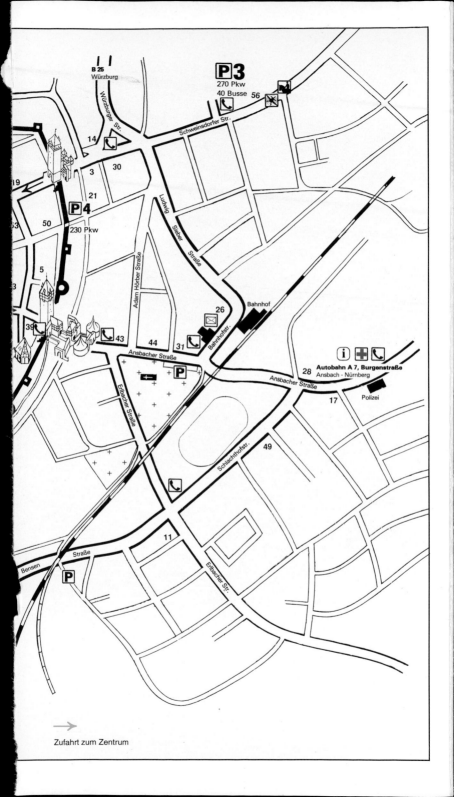

Zufahrt zum Zentrum

Detwang
(31) Campingplatz
Bronnenmühle
Tauber
(8) Klingentor
WC ← nach Bad
Fuchsengässchen
(9)
Trompetengässchen
Klostergarten
Klosterhof
Klostergasse
(7)
(6)
Freudengässchen
Neugasse
(5) Kirch-platz
(12)
WC ☎
Herrngasse
(4) (2) i Markt-platz
Kapellenpl
(13) (3) (1)
Hofbronnengasse
Hafengasse
Alter Keller
(24)
(14) (15)
Obere Schmiedgasse
Alter Stadtgraben
(25)
An der Eich
Untere Schmiedgasse
Wenggasse
Milchgasse
Essengässchen
(17) WC
(16)
Brauhausg
Millergasse
Neugasse
P
Topplerweg
Weg

(i) Information
(P) Parkplatz
(Postamt) Postamt
(☎) Öffentlicher Fernsprecher
(WC) Öffentliche Toiletten

◣ Aufgang zur Stadtmauer

⬌ Ein- und Ausfahrt in die Altstadt:
Spitaltor, Rödertor, Galgentor, Klingentor

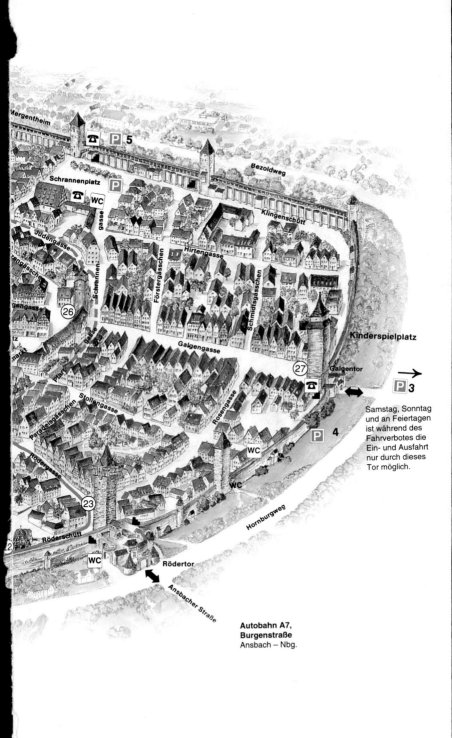

Mergentheim

📞 🅿 5

Schrannenplatz 🅿

📞 WC

Judengasse

...engässchen

Bezoldweg

Klingenschütt

...gengasse

26

Hirtengasse

Förstergässchen

Schrannen...gasse

Galgengasse

Schmidtsgässchen

Kinderspielplatz

...tz

Pfaf...gasse

27

Galgentor

📞

🅿 3

Paradeisgässchen

Stollengasse

Rosengasse

WC

🅿 4

Samstag, Sonntag
und an Feiertagen
ist während des
Fahrverbotes die
Ein- und Ausfahrt
nur durch dieses
Tor möglich.

Röder...gasse

WC

23

Röderschütt

WC

Rödertor

Hornburgweg

Ansbacher Straße

**Autobahn A7,
Burgenstraße**
Ansbach – Nbg.

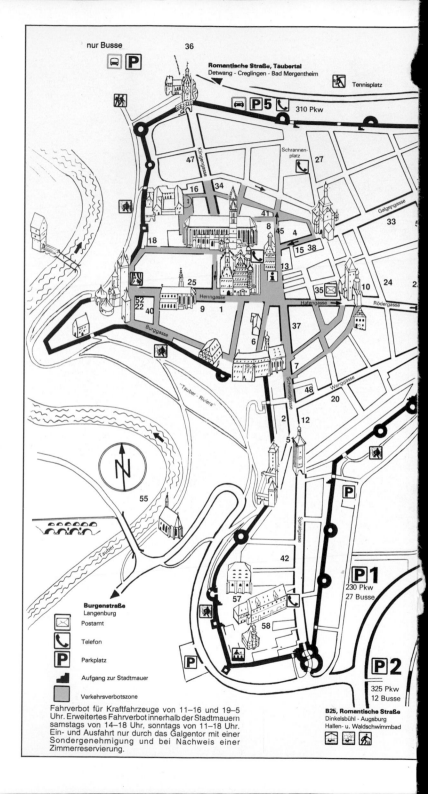

nur Busse

36

Romantische Straße, Taubertal
Detwang - Creglingen - Bad Mergentheim

Tennisplatz

P5   310 Pkw

Schrannen-
platz

27

Galgengasse

Klingengasse

47   33

16 34

41
8
45   4

18   15 38

13

25   35 24

Herrngasse   1

52   Hafengasse   Rödergasse
22 40
9   1   37

Burggasse

6

7

48
20

"Tauber - Riviera"

2   12

5

Schmiedgasse

N

55

42

P

230 Pkw
27 Busse

P1

57

58

P

P2

325 Pkw
12 Busse

Burgenstraße
Langenburg

Postamt

Telefon

P   Parkplatz

Aufgang zur Stadtmauer

Verkehrsverbotszone

Fahrverbot für Kraftfahrzeuge von 11–16 und 19–5
Uhr. Erweitertes Fahrverbot innerhalb der Stadtmauern
samstags von 14–18 Uhr, sonntags von 11–18 Uhr.
Ein- und Ausfahrt nur durch das Galgentor mit einer
Sondergenehmigung und bei Nachweis einer
Zimmerreservierung.

B25, Romantische Straße
Dinkelsbühl - Augsburg
Hallen- u. Waldschwimmbad